가나다 Korean for Chinese

轻松学韩语（初级1）
练习册

가나다 韩国语补习班 编著

北京大学出版社
PEKING UNIVERSITY PRESS

版权登记号：01-2005-6217

图书在版编目（CIP）数据

轻松学韩语（初级1）练习册／가나다 韩国语补习班编著．—北京：北京大学出版社，2006.3

ISBN 978-7-301-07937-9

Ⅰ.轻… Ⅱ.가… Ⅲ.朝鲜语-习题 Ⅳ.H55

中国版本图书馆 CIP 数据核字(2006)第 004350 号

本书获得韩国LANGUAGE PLUS授权在中华人民共和国境内（不包括香港、澳门特别行政区及台湾地区）出版发行

가나다 한국어 학원
02-332-6003/Fax 02-332-6004
http://www.ganadakorean.com
ganada@ganadakorean.com

GANADA KOREAN LANGUAGE INSTITUTE is the first Korean Language Institute in Korea since 1991, to be the only qualified, private school dedicated exclusively to Korean language education.
<가나다 KOREAN> was created by GKLI's staffs.

书　　　名：	轻松学韩语（初级1）练习册
著作责任者：	가나다 韩国语补习班　编著
中文翻译：	张进凯
责任编辑：	张进凯
标准书号：	ISBN 978-7-301-07937-9/H·1198
出版发行：	北京大学出版社
地　　　址：	北京市海淀区成府路 205 号　100871
网　　　址：	http://www.pup.cn
电　　　话：	邮购部 62752015　发行部 62750672　编辑部 62753374　出版部 62754962
电子邮箱：	zpup@pup.pku.edu.cn
印　刷　者：	北京大学印刷厂
经　销　者：	新华书店
	787 毫米×1092 毫米　16 开本　8 印张　198 千字
	2006 年 3 月第 1 版　2016 年 1 月第 13 次印刷
定　　　价：	17.00元

未经许可，不得以任何方式复制或抄袭本书之部分或全部内容。
版权所有，侵权必究
举报电话：010-62752024　　电子邮箱：fd@pup.pku.edu.cn

PREFACE

　<가나다 KOREAN>으로 한국어를 공부하는 분들의 한국어 학습을 돕기 위해 <가나다 KOREAN 워크북>을 출판하게 되었습니다.

　<가나다 KOREAN>은 교사와 같이 또는 학생 혼자서 CD를 들으면서 공부할 수 있도록 만든 교과서입니다. <가나다 KOREAN>에서 배운 것을 좀더 보충하고 학생 스스로 확인할 수 있는 교재가 바로 <가나다 KOREAN 워크북>입니다. 교과서에서 공부한 내용을 워크북으로 연습함으로써 부족한 부분을 보완해 나갈 수 있을 것입니다. 특히 쓰기나 문법 능력이 떨어지는 분들은 워크북으로 충실히 연습하면 도움이 되리라 생각됩니다.

　워크북은 자칫하면 지루해질 수 있기 때문에 그림을 많이 이용하였고, 초급에서는 그림만 보고도 쉽게 문장을 만들 수 있도록 했습니다. 문장 연결하기, 틀린 것 고치기, 조사 연습, 부사 연습 등 다양한 문제를 통하여 배운 내용을 충분히 확인할 수 있을 것입니다. 혼자 공부하는 학생은 뒤에 실린 해답을 보고 스스로 체크할 수 있습니다. 각 과의 연습과 함께 다섯 과가 끝날 때마다 복습 문제가 있어서 다섯 과의 문법을 종합하여 검토해 볼 수 있습니다.

　<가나다 KOREAN 워크북>은 초급1, 초급2, 중급1, 중급2까지 출판될 예정입니다. 이 워크북을 통하여 여러분들의 한국어 공부에 조금이나마 도움이 되기를 바랍니다. 저희 가나다한국어학원 교재 연구부는 앞으로도 계속하여 한국어 교재 개발과 교수법 개발에 힘쓸 것을 약속드립니다. <가나다 KOREAN>을 사랑해 주신 많은 분들께 감사드리며, 한국어 교재 개발에 뜻을 같이 하시고 <가나다 KOREAN 워크북>을 출판할 수 있도록 도와주신 랭기지플러스에도 감사를 드립니다.

2005년 7월

가나다 한국어학원 교재 연구부

CONTENTS

한글 연습		7
제 1과	동사 연습 ~(으)십니까?	21
	~(스)ㅂ니다.	
	~(으)십시오.	
제2과	인사말 I	24
제3과	명사 연습 I (사람)입니다.	26
	인사말 II	
제4과	명사 연습 II (물건)입니다.	29
	이분/그분/저분	
	우리 ~/제 ~	
제5과	~을/를	31
	이것/그것/저것	
복습	(제1과~제5과)	34
제6과	있다/없다	36
	~도	
제7과	장소	38
	~에 · ~에서	
제8과	숫자 I (일, 이, 삼…)	41
	~았/었/였(과거 시제)	
	(시간)에	
제9과	어느 ~	46
	~이/가 아니다	

제10과	형용사 연습 ~지만	48
복습	(제6과~제10과)	51
제11과	숫자 Ⅱ (하나, 둘, 셋…) 단위 명사(~개, ~명, ~대…)	54
제12과	시간	57
제13과	~겠 ~ 전에/~기 전에	60
제14과	~(으)ㅂ시다. ~(으)러 가다/오다	63
제15과	~부터 ~까지 ~(으)ㄴ 후에	67
복습	(제11과~제15과)	70
제16과	위/아래/앞/뒤… 'ㄹ' 불규칙 동사·형용사	72
제17과	~와/과 ~지 않다(부정문)	74
제18과	~기 때문에 안 ~ (부정문)	77
제19과	~(이)나 ~(으)려고 ~와/과 같이	81

CONTENTS

제20과	-거나	84
	좋아하다/ 싫어하다	
	자주/ 가끔	
복습	(제16과~제20과)	86
제21과	-고 있다	88
제22과	-에게서(한테서)	90
	-에게(한테)	
제23과	(동사·형용사)-아/어/여요.	92
	-(으)세요.	
	'ㄷ' 불규칙 동사	
제24과	(명사)-예요/이에요.	95
	-고	
	'으' 불규칙 동사·형용사	
제25과	-(으)ㄹ까요?	99
	-(으)ㅂ시다. /~지 맙시다.	
	-(으)로	
복습	(제21과~제25과)	101
해답	参考答案	103

한글 연습

모음 1

① 모음을 쓰십시오. (抄写下列元音)

아	야	어	여	오	요	우	유	으	이

② 그림을 보고 단어를 쓰십시오. (看图抄写下列词语)

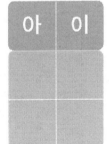 아 이

 오 이

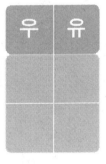 우 유

③ 단어를 쓰십시오. (抄写下列词语)

 아 우

 여 우

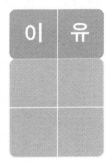 이 유

자음 ㄱ·ㄴ

① 자음을 쓰십시오. (抄写下列辅音)

가	야	거	겨	고	교	구	규	그	기

나	냐	너	녀	노	뇨	누	뉴	느	니

② 그림을 보고 단어를 쓰십시오. (看图抄写下列词语)

아	기

야	구

가	구

③ 단어를 쓰십시오. (抄写下列词语)

거	기

누	구

누	나

자음 ㄷ·ㄹ

① 자음을 쓰십시오. （抄写下列辅音）

다	댜	더	뎌	도	됴	두	듀	드	디

라	랴	러	려	로	료	루	류	르	리

② 그림을 보고 단어를 쓰십시오. （看图抄写下列词语）

구	두

다	리

라	디	오

③ 단어를 쓰십시오. （抄写下列词语）

우	리

나	라

기	러	기

자음 ㅁ·ㅂ

1 자음을 쓰십시오. (抄写下列辅音)

마	먀	머	며	모	묘	무	뮤	므	미

바	뱌	버	벼	보	뵤	부	뷰	브	비

2 그림을 보고 단어를 쓰십시오. (看图抄写词语)

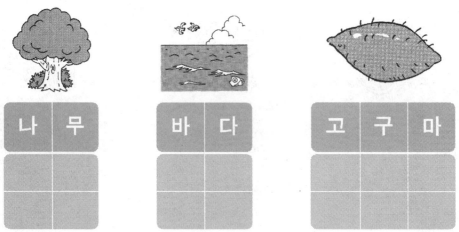

나	무

바	다

고	구	마

3 단어를 쓰십시오. (抄写下列词语)

부	모

비	누

어	머	니

자음 ㅅ·ㅈ

1 자음을 쓰십시오. (抄写下列辅音)

사	샤	서	셔	소	쇼	수	슈	스	시

자	쟈	저	져	조	죠	주	쥬	즈	지

2 그림을 보고 단어를 쓰십시오. (看图抄写下列词语)

| 버 | 스 | | 모 | 자 | | 바 | 지 |

3 단어를 쓰십시오. (抄写下列词语)

| 소 | 주 | | 수 | 도 | | 아 | 버 | 지 |

자음 ㅊ·ㅋ

1 자음을 쓰십시오. (抄写下列词语)

차	챠	처	쳐	초	쵸	추	츄	츠	치

카	캬	커	켜	코	쿄	쿠	큐	크	키

2 그림을 보고 단어를 쓰십시오. (看图抄写下列词语)

기	차

치	마

카	메	라

3 단어를 쓰십시오. (抄写下列词语)

조	카

코

크	리	스	마	스

자음 ㅌ·ㅍ·ㅎ

1 자음을 쓰십시오. (抄写下列辅音)

타	탸	터	텨	토	툐	투	튜	트	티

파	퍄	퍼	펴	포	표	푸	퓨	프	피

하	햐	허	혀	호	효	후	휴	흐	히

2 그림을 보고 단어를 쓰십시오. (看图抄写下列词语)

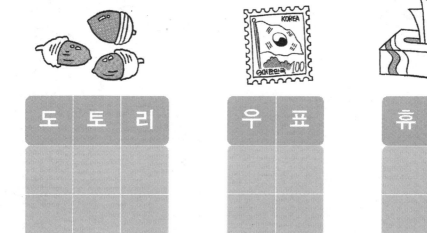

도	토	리

우	표

휴	지

모음 2

① 모음을 쓰십시오.(抄写下列元音)

애	얘	에	예	와	왜	외	워	웨	위	의

② 그림을 보고 단어를 쓰십시오.(看图抄写下列词语)

개미

케이크

시계

사과

돼지

가위

의자

겹자음

1 겹자음을 쓰십시오. (抄写下列双辅音)

까	꺄	꺼	껴	꼬	꾜	꾸	뀨	끄	끼

따	땨	떠	뗘	또	뚀	뚜	뜌	뜨	띠

빠	뺘	뻐	뼈	뽀	뾰	뿌	쀼	쁘	삐

싸	쌰	써	쎠	쏘	쑈	쑤	쓔	쓰	씨

짜	쨔	쩌	쪄	쪼	쬬	쭈	쮸	쯔	찌

겹자음

② 그림을 보고 단어를 쓰십시오. (看图抄写下列词语)

토	끼

꼬	리

머	리	띠

뿌	리

까	치

쓰	레	기

③ 단어를 쓰십시오. (抄写下列词语)

꼬	마

찌	개

아	저	씨

받침

1 그림을 보고 단어를 쓰십시오. (看图抄写下列词语)

받침

| 달 | 력 | | 연 | 필 | | 할 | 머 | 니 |

| 침 | 대 | | 인 | 삼 | | 컴 | 퓨 | 터 |

| 잡 | 지 | | 지 | 갑 | | 집 |

받침

안	경

책	상

냉	장	고

② 단어를 쓰십시오. (抄写下列词语)

한	국

일	본

선	생	님

친	구

김	치

화	장	실

여	덟

값

닭	고	기

받침

3 그림을 보고 쓰십시오. (看图填空组词)

1.  ① □ 지 ②

2. ① 선 □ □ ②

3. ① 휴 □ ②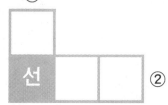

4. ① 가 □ ②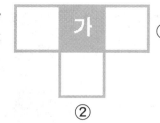

5. ① 치 □ ②

6. ① 자 □ □  ②

LESSON 01

동사 연습
-(으)십니까? -(스)ㅂ니다 -(으)십시오.

1 동사를 쓰십시오. (写出下列动词的各种变位形式)

	-십니까?	-ㅂ니다.	-십시오.
가다			가십시오.
오다	오십니까?		
사다			
하다	하십니까?		
만나다		만납니다.	
기다리다			기다리십시오.

	으십니까?	-습니다.	-으십시오.
읽다		읽습니다.	
앉다	앉으십니까?		
받다			받으십시오.

	-(으)십니까?	-(스)ㅂ니다.	-(으)십시오.
자다(주무시다)	주무십니까?		
먹다(잡수시다)		먹습니다.	
있다(계시다)			계십시오.

21

2 그림을 보고 동사를 쓰십시오. (看图写出相应动词)

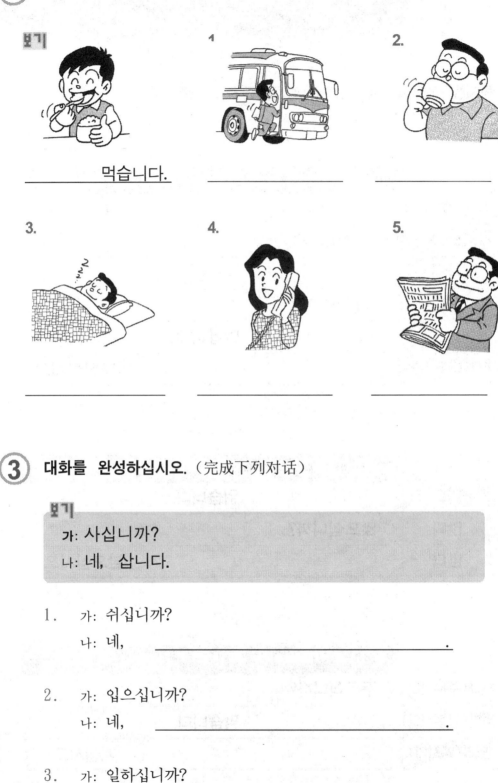

보기: 먹습니다.

3 대화를 완성하십시오. (完成下列对话)

보기
가: 사십니까?
나: 네, 삽니다.

1. 가: 쉬십니까?
   나: 네, _____.

2. 가: 입으십니까?
   나: 네, _____.

3. 가: 일하십니까?
   나: 네, _____.

4 문장을 쓰십시오. (抄写下列句子)

안녕하십니까?
안녕하십니까?

안녕히 가십시오.
안녕히 가십시오.

공부하십니까?
공부하십니까?

읽으십시오.
읽으십시오.

LESSON 02　인사말 I

①　그림을 보고 단어를 쓰십시오. (看图写出下列人物的称谓)

　　어머니　　　_____　　　_____

3.　　　　　　4.　　　　　　5.

_____　　_____　　_____

②　대화를 완성하십시오. (完成下列对话)

1.　가: 요즘 _____ 지내십니까?
　　나: _____ 지냅니다.

2.　가: 부모님도 _____?
　　나: 네, 안녕하십니다.

3.　가: 아이도 잘 있습니까?
　　나: 네, _____.

3. 문장을 쓰십시오. (抄写下列句子)

요즘 어떻게 지내십니까?
요즘 어떻게 지내십니까?

잘 지냅니다.
잘 지냅니다.

부인께서도 안녕하십니까?
부인께서도 안녕하십니까?

아이도 잘 있습니까?
아이도 잘 있습니까?

LESSON 03

명사 연습 I 　　(사람)입니다.
인사말 II

1 그림을 보고 쓰십시오. (看图写出下列人物的称谓)

보기

1.

2.

_____한국 사람입니다._____ 　　_____ 　　_____

보기

3.

4.

_____가수입니다._____ 　　_____ 　　_____

보기

5.

6.

_____군인입니다._____ 　　_____ 　　_____

② 그림을 보고 쓰십시오. (看图照例子编写自我介绍)

보기 안녕하십니까?
     반갑습니다.
     제 이름은 왕훼이입니다.
     저는 중국 사람입니다.
     회사원입니다.

1.

2.

3 문장을 쓰십시오. (抄写下列句子)

처음 뵙겠습니다.
처음 뵙겠습니다.

반갑습니다.
반갑습니다.

제 이름은 김진수입니다.
제 이름은 김진수입니다.

저는 미국 사람입니다.
저는 미국 사람입니다.

LESSON 04

명사 연습 II · (물건)입니다.
이분 / 그분 / 저분
우리 ~ / 제 ~

① 그림을 보고 쓰십시오. (看图照例子写短句)

보기    1.    2.

　책상입니다.　　　　　　　　　　　　　　　　　　　　　　　　

3.    4.    5.

_____　_____　_____

6.    7.    8.

_____　_____　_____

② 우리 가족입니다. 그림을 보고 쓰십시오.
（下面是我家的全家福，看一下，写出他们的称谓）

1. 우리 언니입니다.
2. _____.
3. _____.
4. _____.
5. _____.
6. _____.
7. _____.

③ 제 방입니다. 그림을 보고 쓰십시오.
（下面是我的房间，看一下，写出各个物品的名字。）

1. 제 시계입니다.
2. _____.
3. _____.
4. _____.
5. _____.
6. _____.
7. _____.
8. _____.

LESSON 05

-을/를
이것/그것/저것

① 관계있는 명사와 동사를 연결하십시오. (把名词和相应的动词连结起来)

1. 기차 · · ㉮ 먹습니다.
2. 과일 · · ㉯ 씁니다.
3. 우유 · · ㉰ 탑니다.
4. 편지 · · ㉱ 봅니다.
5. 영화 · · ㉲ 마십니다.

② 알맞은 조사를 고르십시오. (选择恰当的助词)

1. 빵(을, 를) 먹습니다. 2. 친구(을, 를) 만납니다.
3. 영어(을, 를) 가르칩니다. 4. 사장님(을, 를) 기다립니다.
5. 일(을, 를) 합니다.

③ 조사를 쓰십시오. (填写恰当的助词)

1. 선물(　　) 삽니다. 2. 숙제(　　) 합니다.
3. 맥주(　　) 마십니다. 4. 지하철(　　) 탑니다.
5. 컴퓨터(　　) 배웁니다.

4 그림을 보고 문장을 완성하십시오. (看图照例子造句)

보기  1.  2.

_____ 꽃을 삽니다. _____ _____

3.  4.  5.

_____ _____ _____

6.  7.  8.

_____ _____ _____

5 그림을 보고 대화를 완성하십시오. (看图照例子完成对话)

보기

가: 이것이 무엇입니까?
나: 그것은 모자입니다.

1.

가: 저것이 무엇입니까?
나: _____.

2.

가: _____.
나: 이것은 휴대폰입니다.

3.

가: 이것이 무엇입니까?
나: _____.

4.

가: _____.
나: 저것은 자전거입니다.

5.

가: 그것이 무엇입니까?
나: _____.

복습 (제1과~제5과)

① 대화를 완성하십시오. (完成下列对话)

1. 인사
   가: 로버트 씨, 안녕하십니까?
   나: 네, ①_____?
   가: 요즘 ②_____?
   나: 잘 지냅니다.
   가: 부모님께서도 안녕하십니까?
   나: 네, ③_____.
   가: 아이도 ④_____?
   나: 네, 잘 있습니다.

2. 소개
   가: 처음 뵙겠습니다. 제 이름은 정민태입니다.
   나: ①_____.
   가: 미국 사람입니까?
   나: 아니요, ②_____입니다.
   가: 저 분은 ③_____?
   나: 우리 사장님입니다.

② 알맞은 조사를 고르십시오. (选择恰当的助词)

1. 이것(이, 가) 무엇입니까?
2. 저것(은, 는) 구두입니다.
3. 제 이름(은, 는) 수잔 하워드입니다.
4. 김 선생님(이, 가) 한국말(을, 를) 가르치십니다.
5. 저(은, 는, 가) 김치(을, 를) 잘 먹습니다.
6. 캐빈 씨(이, 은, 는) 회사원입니다. 부인(가, 은, 는) 선생님입니다.

3 ( ) 안에 알맞은 말을 쓰십시오. (完成下列对话)

1. 가: 이것이 (   )?
   나: 그것은 냉장고입니다.

2. 가: (   ) 기다립니까?
   나: 친구를 기다립니다.

3. 가: 요즘 (   ) 배우십니까?
   나: 태권도를 배웁니다.

4. 가: 이 아이는 (   )?
   나: 제 동생입니다.

4 명함을 보고 대답하십시오. (看下面的名片，回答问题)

```
코리아 전자 주식회사


                      과장  김명철
            서울시 ○○구 ○○동
            TEL (02)123-4567
            FAX (02)123-8910
```

1. 이름이 무엇입니까?

2. 직업이 무엇입니까?

3. 회사 이름이 무엇입니까?

4. 김명철 씨가 부장님입니까?

LESSON 06

있다 / 없다
~ 도

1 그림을 보고 대답하십시오. (看图照例子完成对话)

> 보기
> 가: 시계가 있습니까?
> 나: 네, 시계가 있습니다.

1. 가: 우산이 있습니까?
   나: _____.

2. 가: 가방도 있습니까?
   나: _____.

3. 가: 회의가 있습니까?
   나: _____.

4. 가: 시험도 있습니까?
   나: _____.

5. 가: 계란이 있습니까?
   나: _____.

6. 가: 수박도 있습니까?
   나: _____.

② 가족 이야기를 쓰십시오. (照例子介紹自己的家庭)

우리 가족 사진입니다. 부모님이 계십니다. 할머니도 계십니다. 언니가 있습니다. 오빠도 있습니다. 동생은 없습니다.

여러분의 가족사진을 붙이십시오. 이야기를 쓰십시오.

LESSON 07

장소
~ 에
~ 에서

1 그림을 보고 장소를 쓰십시오.(看图照例子写出下面的场所)

보기

시장입니다.

1.

2.

3.

4.

5.

6.

7.

8.

2 관계있는 장소와 동사를 연결하십시오.(把下列场所和相关的动词连结起来)

1. 회사 ·　　　　　　· ㉮ 영화를 봅니다.
2. 역 ·　　　　　　· ㉯ 책을 읽습니다.
3. 도서관 ·　　　　　　· ㉰ 일을 합니다.
4. 극장 ·　　　　　　· ㉱ 선물을 삽니다.
5. 백화점 ·　　　　　　· ㉲ 지하철을 탑니다.

3 문장을 만드십시오. (照例子造句)

> 보기
> 식당 - 가다, 불고기 - 먹다
> ▶ 식당에 갑니다. 식당에서 불고기를 먹습니다.

1. 도서관 - 가다, 책 - 읽다
   ▶ _____.

2. 편의점 - 가다, 맥주 - 사다
   ▶ _____.

3. 술집 - 가다, 술 - 마시다
   ▶ _____.

4. 공원 - 가다, 자전거 - 타다
   ▶ _____.

5. 학교 - 가다, 공부 - 하다
   ▶ _____.

6. 다방 - 가다, 커피 - 마시다
   ▶ _____.

7. 우체국 - 가다, 우표 - 사다
   ▶ _____.

4 그림을 보고 쓰십시오. (看图照例子写短文)

보기 인사동에 갑니다.
인사동에서 선물을 삽니다.
구경도 합니다.

1.

2.

LESSON 08

숫자 I (일, 이, 삼…)
-았/었/였(과거 시제)
(시간)에

① 숫자를 한국말로 쓰십시오. (抄写下列数字)

1	2	3	4	5	6	7	8	9	10
일	이	삼	사	오	육	칠	팔	구	십

20	30	40	100	200	300	1,000	10,000	100,000
이십	삼십	사십	백	이백	삼백	천	만	십만

② 숫자를 한국말로 쓰십시오. (用韩语写出下列数字)

보기
　　　　189 (백팔십구)

1. 68　　(　　　　)　　2. 2,405　(　　　　)
3. 37,905 (　　　　)　　4. 7,800　(　　　　)
5. 516　 (　　　　)　　6. 146,700 (　　　　)

③ 달력을 보고 날짜를 한국말로 쓰십시오. (看下面的日历, 用韩语写出日期)

보기　　　　1.　　　　　2.　　　　　3.

삼월 이십칠일　　_____　　_____　　_____

4 그림을 보고 한국말로 대답하십시오. (看图回答下列问题)

가: 구두가 얼마입니까?
나: 구만팔천 원입니다.

1.

가: 우표가 얼마입니까?
나: _____.

2.

가: 교실이 어디입니까?
나: _____.

3.

가: 몇 번 버스를 타십니까?
나: _____.

4.

가: 저 건물이 몇 층입니까?
나: _____.

5 밑줄 친 곳을 한국말로 쓰십시오. (用韩语写出下列画线部分)

> 보기
> 7월 17일은 공휴일입니다.
> ▶ (칠월 십칠일)

1. 제 생일은 10월 24일입니다.
   ▶ (   )

2. 저는 2004년 6월 15일에 결혼했습니다.
   ▶ (   )

3. 비빔밥은 6,000원입니다.
   ▶ (   )

4. 이 옷은 237,000원입니다.
   ▶ (   )

5. 학원 전화번호는 332-6003번입니다.
   ▶ (   )

6. 제 휴대폰 번호는 010-7821-4593입니다.
   ▶ (   )

7. 교과서 213쪽을 보십시오.
   ▶ (   )

8. 지하철 2호선을 타십시오. 을지로 3가역에서 내리십시오.
   ▶ (   )   (   )

9. 저는 178센티미터(cm), 69킬로그램(kg)입니다.
   ▶ (   ) (   )

10. 우리 집 주소는 장미 아파트 107동 2104호입니다.
    ▶ (   )

6 동사의 과거형을 쓰십시오. (写出下列动词的过去形)

	-(으)셨습니까?	-았/었/였습니다.
가다		
오다	오셨습니까?	
타다		
만나다	만나셨습니까?	
배우다		
가르치다		
일하다		
이야기하다		이야기했습니다.
읽다		
입다		입으셨습니까?
받다		
(사진을) 찍다		

먹다 (잡수시다)		
마시다 (드시다)	드셨습니까?	
자다 (주무시다)		
있다 (계시다)		있었습니다.

7 그림을 보고 대답하십시오. (看图回答下列问题)

1. 지난주에 어디에 갔습니까?

2. 언제 병원에 갔습니까?

3. 지난 주말에는 누구를 만났습니까?

4. 어제는 무엇을 샀습니까?

5. 5월 13일에는 무엇을 하셨습니까?

8 읽고 대답하십시오. (读短文, 回答下列问题)

> 작년 10월 4일에 경주에 갔습니다.
> 경주에서 구경을 했습니다.
> 사진도 찍었습니다.
> 다음 날에는 부산에 갔습니다. 바다를
> 봤습니다. 생선도 많이 먹었습니다.
> 배도 탔습니다. 다음 날 서울에 왔습니다.

1. 경주에서 무엇을 했습니까?

2. 언제 부산에 갔습니까?

3. 어디에서 배를 탔습니까?

LESSON 09

어느 -
-이/가 아니다

① 대화를 완성하십시오. (照例子完成下列对话)

보기
신촌역, 종로 3가역

가: 어느 역에서 타십니까?
나: 신촌역에서 탑니다.

1. 미국, 일본

가: 어느 나라에서 오셨습니까?
나: _____.

2. 여의도 공원, 서울 대공원

가: _____?
나: 여의도 공원에 갔습니다.

3. 501호, 502호

가: 어느 교실에서 공부하십니까?
나: _____.

4. 남대문 시장, 동대문 시장

가: _____?
나: 동대문 시장에서 샀습니다.

5. 뉴욕, 시카고

가: 어느 도시에 가십니까?
나: _____.

6. 국민 은행, 우리 은행

가: _____?
나: 국민 은행에서 일합니다.

7. 삼성 컴퓨터, LG 컴퓨터

가: 어느 컴퓨터를 사셨습니까?
나: _____.

2 대화를 완성하십시오. (完成下列对话)

> 보기
> 가: 약속 시간이 6시입니까?
> 나: 아니요, __6시가 아닙니다.__

1. 가: 영국 사람입니까?
   나: 아니요, _____.

2. 가: 오늘이 수요일입니까?
   나: 아니요, _____.

3. 가: 회사원입니까?
   나: 아니요, _____.

4. 가: 여기가 2층입니까?
   나: 아니요, _____.

5. 가: 이것이 영어 교과서입니까?
   나: 아니요, _____.

6. 가(학생): 이 휴대폰이 선생님 휴대폰입니까?
   나(선생님): 아니요, _____.

7. 가: 저 사람이 동생입니까?
   나: 아니요, _____.

8. 가: 고향이 부산입니까?
   나: 아니요, _____.

LESSON 10

형용사 연습
-지만

1 그림을 보고 형용사를 쓰십시오. (看图，写出恰当的形容词)

날씨가 __덥습니다.__　　방이 _____　　가방이 _____

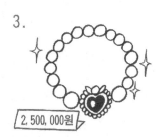  

3. 목걸이가_____　4. 건물이 _____　5. 이 사람이 _____

6. 꽃이 _____　7. 음악이 _____　8. 텔레비전이 _____

② 반대 형용사를 연결하십시오. (把反义形容词连结起来)

1. 좋다 ·   · ㉮ 낮다
2. 싸다 ·   · ㉯ 작다
3. 깨끗하다 ·   · ㉰ 나쁘다
4. 덥다 ·   · ㉱ 재미없다
5. 높다 ·   · ㉲ 비싸다
6. 크다 ·   · ㉳ 시끄럽다
7. 어렵다 ·   · ㉴ 한가하다
8. 재미있다 ·   · ㉵ 춥다
9. 조용하다 ·   · ㉶ 더럽다
10. 바쁘다 ·   · ㉷ 쉽다

③ 문장을 완성하십시오. (根据前面给出的情况, 完成下面的句子。)

| 보기 | 어제 3시간 잤습니다. ▶ <u>피곤합니다.</u> |

1. 이번 주에 약속이 많이 있습니다. _____.

2. 방을 청소했습니다. 방이 _____.

3. 선물을 받았습니다. 기분이 _____.

4. 남대문 시장에서 가방을 샀습니다. 15,000원입니다.
   가방이 _____.

5. 어제 술을 많이 마셨습니다. 머리가 _____.

④ 알맞은 단어를 골라 문장을 완성하십시오. (选择恰当词语完成下列句子)

> 재미있다, 깨끗하다, 크다, 높다, 맵다, 어렵다, 싸다, 나쁘다, 작다, 맛있다, 비싸다, 예쁘다, 좋다, 춥다, 바쁘다, 더럽다

보기 우리 하숙집이 작지만 <u>깨끗합니다.</u>

1. 오늘 날씨가 덥지만 _____.
2. 옷을 많이 입었지만 _____.
3. 청소를 했지만 _____.
4. 주말에는 수업이 없지만 _____.
5. 갈비는 _____ 지만 비쌉니다.
6. 김치가 _____ 지만 _____.
7. 회사 일이 _____ 지만 _____.

⑤ 대화를 완성하십시오. (完成下列对话)

보기
가: 서울이 어떻습니까?
나: <u>복잡하지만 재미있습니다.</u>

1. 가: 오늘 기분이 어떻습니까?
   나: 좀 피곤하지만 _____.
2. 가: 한국 생활이 어떻습니까?
   나: _____.
3. 가: 동대문 시장이 어떻습니까?
   나: _____.
4. 가: 한국말 공부가 어떻습니까?
   나: _____.

복습 (제6과-제10과)

1. 알맞은 조사를 쓰십시오. (填上恰当的助词)

1. 저(　　) 미국 사람(　　) 아닙니다. 캐나다(　　) 왔습니다.
2. 오후(　　) 약속(　　) 없습니까?
3. 한국(　　) 무엇(　　) 하십니까?
4. 저(　　) 오빠(　　) 있습니다. 언니(　　) 있습니다.
5. 작년 5월(　　) 한국(　　) 왔습니다.
6. 오늘 약속(　　) 있습니다. 내일(　　) 약속(　　) 없습니다.

2. 밑줄 친 곳을 고치십시오. (改正下列句子中的画线部分)

1. 이것은 제 <u>옷이입니다.</u>
2. 이 <u>노래를</u> 쉽습니다.
3. <u>다방에</u> 어머니를 만납니다.
4. 이 시계가 <u>좋으지만</u> 비쌉니다.
5. <u>저가</u> 박영길입니다.
6. 내일 <u>오후에서</u> 약속이 있습니다.
7. 요즘 한국말을 배웁니다. 한국 <u>요리는</u> 배웁니다.
8. <u>부모님께도</u> 안녕하십니까?
9. <u>저 이름은</u> 최소영입니다.
10. 어제 친구를 <u>만나았습니다.</u>
11. 오늘 아침에 운동을 <u>하았습니다.</u>
12. <u>무엇</u> 나라에서 오셨습니까?

3 ( ) 안에 알맞은 말을 쓰십시오. (填空完成下列对话)

1. 가: (어느) 나라에서 오셨습니까?
   나: 캐나다에서 왔습니다.

2. 가: 오늘이 (며칠)입니까?
   나: 4월 29일입니다.

3. 가: (어디에) 가십니까?
   나: 친구 집에 갑니다.

4. 가: (언제) 친구를 만나셨습니까?
   나: 지난 주말에 만났습니다.

5. 가: 이 가방이 (얼마입니까)?
   나: 56,000원입니다.

6. 가: 휴대폰 번호가 (몇 번입니까)?
   나: 010-5872-8943입니다.

7. 가: 오늘 날씨가 (어떻습니까)?
   나: 좀 춥지만 좋습니다.

8. 가: 지하철 (몇 호선)을 타십니까?
   나: 3호선을 탑니다.

4 그림을 보고 물건을 소개하십시오. (看图介绍一下所画的物品)

보기

제 전자 사전입니다.
난 주말에 용산에서 샀습니다.
이십육만 원입니다.
비싸지만 편리합니다. 예쁩니다.

1.
_____
_____
_____
_____

2.
_____
_____
_____
_____

3.
_____
_____
_____
_____

LESSON 11

숫자 II (하나, 둘, 셋…)
단위 명사 (-개, -명, -대…)

1 숫자를 한국말로 쓰십시오. (抄写下列数字)

1	2	3	4	5	6	7	8	9	10
하나	둘	셋	넷	다섯	여섯	일곱	여덟	아홉	열

20	30	40	50	60	70	80	90	100
스물	서른	마흔	쉰	예순	일흔	여든	아흔	백

2 명사와 단위 명사를 연결하십시오. (连结名词和量词)

1. 옷 · · ㉮ 대
2. 책, 공책 · · ㉯ 송이
3. 의자, 가방, 과일 · · ㉰ 명, 분
4. 종이, 우표 · · ㉱ 벌
5. 커피, 차 · · ㉲ 개
6. 사람 · · ㉳ 마리
7. 자동차, 텔레비전 · · ㉴ 권
8. 개, 고양이, 생선 · · ㉵ 켤레
9. 꽃 · · ㉶ 장
10. 구두, 양말 · · ㉷ 잔

3 그림을 보고 쓰십시오. (看图写出正确的数量词)

보기

맥주 <u>세 병</u>

1.

자동차 _____

2.

꽃 _____

3.

아이 _____

4.

커피 _____

5.

사과 _____

6.

개 _____

7.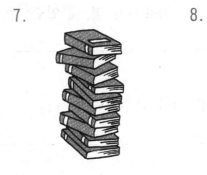

책 _____

8.

우표 _____

④ **대답하십시오.** (用括号中给出的数字回答下列问题)

> 보기
> 가: 나이가 몇 살입니까? (23)
> 나: <u>스물 세 살입니다.</u>

1. 가: 한국 친구가 몇 명 있습니까? (10)
   나: _____.

2. 가: 어제 커피를 몇 잔 마셨습니까? (2)
   나: _____.

3. 가: 우리 교실에 학생이 몇 명 있습니까? (8)
   나: _____.

4. 가: 지난주에 약속이 몇 번 있었습니까? (4)
   나: _____.

5. 가: 작년에 책을 몇 권 읽었습니까? (15)
   나: _____.

6. 가: 사무실에 컴퓨터가 몇 대 있습니까? (6)
   나: _____.

7. 가: 담배를 많이 피우십니까? (1)
   나: 네, 날마다 _____.

8. 가: 강아지가 있습니까? (2)
   나: 네, _____.

LESSON 12

시간

1 그림을 보고 시간을 한국말로 쓰십시오. (写出下列各个钟表所表示的时间)

보기: 한 시 오 분

3.  4.  5.

6.  7.  8.

2 그림을 보고 대답하십시오. (看表回答下列问题)

보기

가: 몇 시에 일어납니까?
나: 여섯 시 삼십 분에 일어납니다.

1.

가: 몇 시에 출근을 합니까?
나: _____

2.

가: 몇 시에 회의가 끝납니까?
나: _____

3.

가: 몇 시에 보고서를 씁니까?
나: _____

4.

가: 몇 시에 운동을 시작합니까?
나: _____

5.

가: 몇 시에 이메일을 보냅니까?
나: _____

3 하루 일과를 그리고 쓰십시오. (做出一天的安排并写出来)

저는 아침 7시 30분에 일어납니다.
8시에 아침을 먹습니다.
9시에 회사에 갑니다.
12시 30분에 점심을 먹습니다.
5시 30분에 회사 일이 끝납니다.
6시에 테니스장에 갑니다.
8시 30분에 집에 돌아옵니다.
9시에 뉴스를 봅니다.
11시 20분에 잡니다.

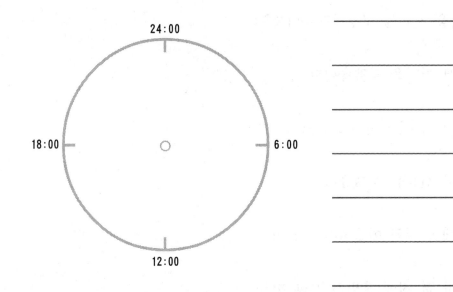

LESSON 13

- 겠
- 전에 / -기 전에

① **계획표를 보고 대답하십시오.** (看下面的日程表，回答下列问题)

제 친구가 다음 주에 한국에 오겠습니다.
제가 친구를 안내하겠습니다.
친구는 설악산에도 가겠습니다.
다음은 친구의 한국 여행 계획입니다.

10월

4일	5일	6일	7일	8일	9일
4:20 인천 공항 도착	인사동, 경복궁, 이태원 구경 저녁 식사 예약 (인사동의 한식집 '고향')	설악산 ← →		오전-박물관 오후-남대문시장 (선물)	10:40 인천 공항 출발

1. 친구가 언제 한국에 도착하겠습니까?

2. 언제 서울 시내를 구경하겠습니까?

3. 어디에서 저녁을 먹겠습니까?

4. 선물을 사기 전에 무엇을 하겠습니까?

5. 어디에서 선물을 사겠습니까?

6. 설악산에서 며칠 여행하겠습니까?

7. 비행기가 몇 시에 출발하겠습니까?

② **대답하십시오.** (回答下列问题)

1. 가: 돈이 100만 원 있습니다. 무엇을 하시겠습니까?
   나: _____.

2. 가: 부모님이 한국에 오십니다. 어디에 가시겠습니까?
   나: _____.

3. 가: 다시 대학교에 갑니다. 무엇을 공부하시겠습니까?
   나: _____.

4. 가: 유럽에 갑니다. 어느 나라를 여행하시겠습니까?
   나: _____.

5. 가: 주말에 데이트를 합니다. 무엇을 하시겠습니까?
   나: _____.

6. 가: 남대문 시장에 갑니다. 무엇을 사시겠습니까?
   나: _____.

7. 가: 내일 다시 전화하십시오.
   나: 네, _____.

8. 가: 이 단어가 중요합니다. 외우십시오.
   나: 네, _____.

3 대답하십시오. (用括号中给出的词语回答下列问题)

> 보기
> 가: 언제 한국에 오셨습니까? (1년)
> 나: <u>1년 전에 한국에 왔습니다.</u>

1. 가: 언제 한국 친구를 만나셨습니까? (1주일)

   나: _____.

2. 가: 언제 가방을 사셨습니까? (두 달)

   나: _____.

3. 가: 5년 전에는 어디에 있었습니까?

   나: _____.

4. 가: 식사하셨습니까? (여기에 오다)

   나: 네, _____ 기 전에 식사를 했습니다.

5. 가: 내일 제가 사장님을 만나러 가겠습니다.

   나: 그럼, _____ 기 전에 전화하십시오.

6. 가: 이 약은 언제 먹습니까? (밤에 자다)

   나: _____.

7. 가: 언제 생일 선물을 사시겠습니까? (생일파티에 가다)

   나: _____.

8. 가: 언제 회사 생활을 하셨습니까? (결혼하다)

   나: _____.

LESSON 14

-(으)ㅂ시다.
-(으)러 가다/오다

① 동사를 쓰십시오. (写出下列动词的变位形式)

	~ㅂ시다.		~읍시다.
가다		앉다	
타다	탑시다.	먹다	
쉬다		읽다	
만나다		닫다	닫읍시다.
마시다		받다	
구경하다		씻다	
이야기하다		(사진을) 찍다	

② '-(으)ㅂ시다' 로 대답하십시오. (用 "~(으)ㅂ시다" 完成下列对话)

> 보기
> 가: 점심 시간입니다. 배가 고픕니다.
> 나: 저도 배가 고픕니다.
> 가: 그럼, <u>식사하러 갑시다.</u>

1. 가: (공원에서) 다리가 아픕니다.
   나: 저도 다리가 아픕니다.
   가: 그럼, _____.

2. 가: 목이 마릅니다.
   나: 저도 목이 마릅니다.
   가: 그럼, _____.

3. 가: 내일 시험을 봅니다.
   나: 저도 시험이 있습니다.
   가: 그럼, _____.

4. 가: 명동에서 약속이 있습니다.
   나: 저도 지금 명동에 갑니다.
   가: 그럼, _____.

5. 가: 저 영화가 재미있습니다.
   나: 아, 그렇습니까? 그럼, _____.

6. 가: 꽃이 예쁩니다. 카메라가 있습니다. 같이 사진을 찍겠습니까?
   나: 네, _____.

7. 가: 방이 더럽습니다.
   나: 그럼, _____.

8. 가: 이번 주는 바쁩니다.
   나: 그럼, _____.

9. 가: (버스 정류장에서) 저기 버스가 왔습니다.
   나: _____.

10. 가: (명동에서) 저 가게가 예쁩니다. 물건도 많이 있습니다.
    나: 그럼, _____.

3 알맞은 장소를 쓰십시오. (选择恰当的场所填空)

> 문방구, 병원, 대사관, 극장, 은행, 서점, 회사, 꽃집, 다방,
> 우체국, 편의점, 약국, 식당, 여행사, 학원, 수영장, 술집,
> 공항, 빵집, 시장, 도서관, 박물관, 백화점

1. 책을 사러 _____ 에 갑니다.
2. 일을 하러 _____ 에 갑니다.
3. 예금하러 _____ 에 갑니다.
4. 영화를 보러 _____ 에 갑니다.
5. 비자를 받으러 _____ 에 갑니다.
6. 우표를 사러 _____ 에 갑니다.
7. 비행기 표를 사러 _____ 에 갑니다.
8. 볼펜을 사러 _____ 에 갑니다.

4 문장을 완성하십시오. (完成下列句子)

> 보기
> <u>점심을 먹으러</u> 식당에 갑니다.

1. _____ 편의점에 갑니다.
2. _____ 술집에 갑니다.
3. _____ 박물관에 갑니다.
4. _____ 백화점에 갑니다.
5. _____ 공항에 갑니다.
6. _____ 학원에 갑니다.
7. _____ 다방에 갑니다.

5 그림을 보고 대화를 완성하십시오. (看图完成下列对话)

보기
가: 어디에 가십니까?
나: 우체국에 가십니까?
가: 왜 우체국에 가십니까?
나: 편지를 부치러 갑니다.

1. 가: 어디에 가십니까?
   나: _____.
   가: 왜 _____에 가십니까?
   나: _____.

2. 가: 어디에 가십니까?
   나: _____.
   가: 왜 _____에 가십니까?
   나: _____.

3. 가: 어디에 가십니까?
   나: _____.
   가: 왜 _____에 가십니까?
   나: _____.

LESSON 15

- 부터 ~ 까지
-(으)ㄴ 후에

1 계획표를 보고 대답하십시오. (看下面的日程表，回答下列问题)

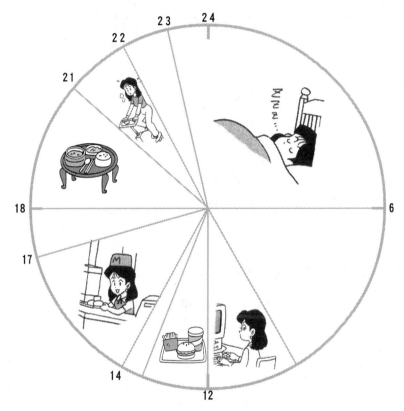

1. 몇 시부터 몇 시까지 컴퓨터를 배웁니까?

2. 컴퓨터를 배운 후에는 무엇을 합니까?

3. 몇 시부터 몇 시까지 아르바이트를 합니까?

4. 운동을 하기 전에 무엇을 합니까?

5. 날마다 몇 시간 운동을 합니까?

6. 몇 시부터 잡니까?

2. '~기 전에' 또는 '~(으)ㄴ 후에'를 써서 같은 의미의 문장을 만드십시오.
（用 "~기 전에" 和 "~(으)ㄴ 후에" 改写下面句子，意思不变）

> 보기
>
> 전화를 한 후에 가십시오.
> ▶ __가__기 전에 __전화를 하십시오.__

1. 아침을 먹기 전에 옷을 입습니다.

   ▶ _____(으)ㄴ 후에 _____.

2. 손을 씻은 후에 빵을 먹겠습니다.

   ▶ _____기 전에 _____.

3. 나가기 전에 숙제를 합시다.

   ▶ _____(으)ㄴ 후에 _____.

4. 일기를 쓴 후에 잡니다.

   ▶ _____기 전에 _____.

5. 식사하기 전에 영화표를 샀습니다.

   ▶ _____(으)ㄴ 후에 _____.

6. 준비한 후에 출발합니다.

   ▶ _____기 전에 _____.

7. 친구 집에 가기 전에 선물을 샀습니다.

   ▶ _____(으)ㄴ 후에 _____.

3 한 달 계획표를 만들고 쓰십시오. (写出一天的计划)

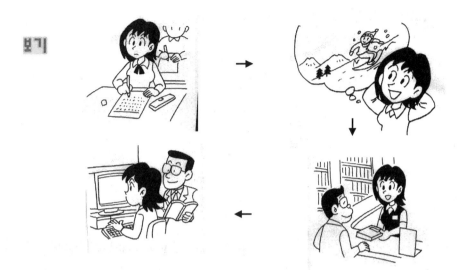

보기

이번 달에는 7일부터 10일까지 시험입니다.
시험이 끝난 후에는 겨울 방학입니다.
15일부터 아르바이트를 하겠습니다.
2월까지 날마다 세 시간 도서관에서 일하겠습니다.
29일까지 컴퓨터를 배우겠습니다.

_____

_____

_____

_____

복 습 (제11과~제15과)

① 알맞은 조사를 쓰십시오. (填上恰当的助词)

1. 몇 시(   ) 일어나셨습니까?
2. 한 시간 후(   ) 다시 전화하십시오.
3. 날(   ) 운동을 합니다.
4. 두 달 전(   ) 한국(   ) 왔습니다.
5. 선물(   ) 사러 백화점(   ) 갑니다.
6. 19일(   ) 22일(   ) 휴가이기 때문에 여행을 가겠습니다.
7. 어제 오후 3시 반(   ) 5시(   ) 회의를 했습니다.
8. 어느 나라(   ) 오셨습니까?

② 알맞은 부사를 골라 쓰십시오. (选择恰当的副词填空)

> 잘, 지금, 요즘, 그럼, 같이, 다시, 처음

1. 제 동생은 태권도를 (   ) 합니다.
2. (   ) 어떻게 지내십니까?
3. 실례지만, (   ) 몇 시입니까?
4. 오늘 바쁩니까? (   ) 내일 만납시다.
5. 내일 (   ) 전화하겠습니다.
6. (   ) 뵙겠습니다. 반갑습니다.
7. 저도 시내에 갑니다. (   ) 갑시다.

3. 숫자와 단위 명사를 한국말로 쓰십시오. (用韩语写出下列数量词)

보기
우리 교실에는 남학생이 3(　　　　), 여학생이 5(　　　　) 있습니다.
▶ 세 명　　　　▶ 다섯 명

1. 여기 콜라 2(　　　　), 맥주 4(　　　　) 주십시오.
   ▶　　　　▶

2. 제 나이는 34(　　　　), 제 아내는 29(　　　　)입니다.
   ▶　　　　▶

3. 저는 날마다 담배를 1(　　　　) 피웁니다.
   ▶

4. 학원에는 여자 선생님이 21(　　　　), 남자 선생님이 7(　　　　) 계십니다.
   ▶　　　　▶

5. 아버지, 어머니 자동차가 2(　　　　), 제 자전거가 1(　　　　) 있습니다.
   ▶　　　　▶

6. 냉장고에 사과가 8(　　　　), 배가 4(　　　　), 귤이 13(　　　　) 있습니다.
   ▶　　　　▶　　　　▶

7. 장미 10(　　　　), 카네이션 9(　　　　) 주십시오.
   ▶　　　　▶

8. 어제 옷을 3(　　　　), 양말을 5(　　　　) 샀습니다.
   ▶　　　　▶

9. 작년에는 외국 여행을 2(　　　　) 했습니다.
   ▶

10. 여기 비빔밥 3(　　　　), 냉면 1(　　　　) 주십시오.
    ▶　　　　▶

LESSON 16

위 / 아래 / 앞 / 뒤 …
'ㄹ' 불규칙 동사 · 형용사

① 그림을 보고 맞는 것을 고르십시오. (看图选择正确的方位词)

1. 우산이 쇼파 (옆, 앞)에 있습니다.
2. 시계가 텔레비전 (위, 뒤)에 있습니다.
3. 고양이가 방 (밖, 밑)에 있습니다.
4. 서랍 (안, 아래)에 수건이 있습니다.
5. 테이블 (아래, 앞)에 모자가 있습니다.

② 지도를 보고 대답하십시오. (看地图回答下列问题)

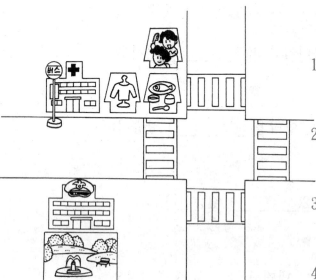

1. 병원이 어디에 있습니까?
2. 식당 위에 무엇이 있습니까?
3. 경찰서 뒤에 무엇이 있습니까?
4. 버스 정류장이 어디에 있습니까?

3. 'ㄹ' 불규칙 동사, 형용사를 쓰십시오. (写出下列不规则动词、形容词的变位形式)

	-(스)ㅂ니다.	-았/었/였습니다.	-(으)십시오.
만들다			만드십시오.
살다	삽니다.		
알다			♣
팔다			
(전화를) 걸다		걸었습니다.	
멀다			♣
길다	깁니다.		♣

4. 대답하십시오. (回答下列问题)

1. 가: 어디에 서 사십니까?
   나: _____.

2. 가: 어머니가 무엇을 잘 만드십니까?
   나: _____.

3. 가: 한국 노래를 아십니까?
   나: 네, _____.

4. 가: 집이 가깝습니까?
   나: 아니요, _____.

5. 가: 몇 시에 은행 문을 엽니까?
   나: _____.

LESSON 17

- 와 / 과
- 지 않다 (부정문)

① 그림을 보고 쓰십시오. (看图照例子造句子)

보기

꽃과 선물을 받았습니다.

1.

_____

2.

_____

3.

_____

4.

_____

5.

_____

2 '나의 방'을 그리고 쓰십시오. (简单介绍一下自己的房间)

여기가 제 방입니다. 문 옆에 책상과 옷장이 있습니다. 책상 위에는 시계와
책이 있습니다. 책상 아래에는 가방과 기타가 있습니다.
옷장 앞에는 침대가 있습니다. 저는 침대에서 잡니다. 책도 읽습니다.
제 방이 작지만 아주 좋습니다.

3 부정 문으로 만드십시오. (写出下列句子的变化形式)

| 보기 | 술을 마십니다. | ▶ | <u>술을 마시지 않습니다.</u> |

1. 한국 신문을 읽습니다. ▶
2. 집에서 음식을 만듭니다. ▶
3. 저 가게에서 옷을 팝니다. ▶
4. 지금 편지를 씁니다. ▶
5. 어제 청소를 했습니다. ▶
6. 지난주에 시험을 봤습니다. ▶
7. 도서관에 공부하러 갔습니다. ▶
8. 내일 이메일을 보내겠습니다. ▶
9. 이번 주에 약속이 많습니다. ▶
10. 우리 집이 큽니다. ▶
11. 오늘 교통이 복잡합니다. ▶
12. 어제 날씨가 좋았습니다. ▶
13. 어제 피곤했습니다. ▶
14. 오늘은 휴일입니다. ▶
15. 한국 친구가 있습니다. ▶

LESSON 18

- 기 때문에
안 - (부정문)

① 그림을 보고 대화를 완성하십시오. (看图完成对话)

가: 오늘 운동을 하십니까?
나: 아니요, <u>운동을 하지 않습니다.</u>
가: 왜 운동을 하지 않습니까?
나: <u>비가 오기 때문에 운동을 하지 않습니다.</u>

1.

가: 점심을 먹었습니까?
나: 아니요, _____.
가: 왜 먹지 않았습니까?
나: _____.

2.

가: 옷을 사시겠습니까?
나: 아니요, _____.
가: 왜 사지 않겠습니까?
나: _____.

3.

가: 버스를 타십니까?
나: 아니요, _____.
가: 왜 타지 않습니까?
나: _____.

4.

가: 어디에서 물건을 사십니까?

나: _____.

가: 왜 _____에서 사십니까?

나: _____.

5.

가: 무엇을 타십니까?

나: _____.

가: 왜 _____을/를 타십니까?

나: _____.

6.

가: 무엇을 보십니까?

나: _____.

가: 왜 _____을/를 보십니까?

나: _____.

7.

가: 무엇을 먹습니까?

나: _____.

가: 왜 _____을/를 먹습니까?

나: _____

2. 부정형을 쓰십시오. (写出下列动词或形容词的变位形式)

	안 ~(스)ㅂ니다.	~지 않습니다.
가다	안 갑니다.	
주다		
먹다		
만들다		만들지 않습니다.
(담배를) 피우다		
운전하다		
크다		
바쁘다	안 바쁩니다.	
왔다		오지 않았습니다.
대답했다		
열었다	안 열었습니다.	
좋았다		
쓰겠다		
보겠다		보지 않겠습니다.
찍겠다	안 찍겠습니다.	
여행하겠다		

③ '안 ~(스)ㅂ니다.' 부정문으로 대답하십시오. (用 "안 ~(스)ㅂ니다." 完成对话)

> 보기
> 가: 담배를 피우십니까?
> 나: 아니요, <u>담배를 안 피웁니다.</u>

1. 가: 이 근처에서 사십니까?
   나: 아니요, _____.

2. 가: 요즘 운동을 하십니까?
   나: 아니요, _____.

3. 가: 어제 뉴스를 보셨습니까?
   나: 아니요, _____.

4. 가: 어제 회의를 하셨습니까?
   나: 아니요, _____.

5. 가: 이번 휴가에 여행을 가시겠습니까?
   나: 아니요, _____.

6. 가: 머리가 아픕니까?
   나: 아니요, _____.

7. 가: 집이 여기에서 멉니까?
   나: 아니요, _____.

8. 가: 이 문법이 중요합니까?
   나: 아니요, _____.

LESSON 19

-(이)나
-(으)려고
-와/과 같이

① 그림을 보고 대답하십시오. (看图回答下列问题)

보기

가: 무엇을 타려고 합니까?
나: <u>기차나 비행기를 타려고 합니다.</u>

1.

가: 친구 생일에 무엇을 주려고 합니까?
나: _____.

2.

가: 점심에 무엇을 먹으려고 합니까?
나: _____.

3.

가: 방학에 무엇을 하려고 합니까?
나: _____.

4.

가: 언제 만날까요?
나: _____.

5.

가: 크리스마스에 무엇을 보내겠습니까?
나: _____.

2 휴가 계획을 쓰십시오. (写一个假期计划)

> 보기
> 다음 달 20일부터 여름 휴가입니다.
> 저는 친구들과 같이 여행을 하려고 합니다.
> 친구 집이 부산에 있기 때문에 부산에 가려고 합니다.
> 비행기나 고속 철도를 타겠습니다.
> 부산에서 구경한 후에 경주나 대구에 가려고 합니다.
> 부산에서 바다를 보겠습니다. 수영도 하려고 합니다.
> 여러 가지 음식도 먹으려고 합니다. 사진도 찍으려고 합니다.

휴가 계획

③ 대답하십시오. (用括号中给出的词语回答问题)

> 보기
> 가: 어제 저녁을 혼자서 먹었습니까? (친구들)
> 나: 아니요, <u>친구들과 같이 먹었습니다.</u>

1. 가: 혼자서 한국에 오셨습니까? (가족)

   나: 아니요, _____.

2. 가: 지난 주말에 누구와 같이 영화를 보셨습니까? (후배)

   나: _____.

3. 가: 어제 누구와 같이 테니스를 치셨습니까? (동생)

   나: _____ ___.

4. 가: 토요일에는 누구와 같이 술을 마셨습니까? (하숙집 친구들)

   나: _____.

5. 가: 누구와 같이 한국말을 배우십니까? (미국 친구)

   나: _____.

6. 가: 이 일을 혼자서 하셨습니까? (다나카 씨)

   나: 아니요, _____.

7. 가: 지금 가족과 같이 사십니까?

   나: 아니요, _____.

8. 가: 누구와 같이 여행을 하시겠습니까?

   나: _____.

LESSON 20

- 거나
좋아하다 / 싫어하다
자주 / 가끔

① 대답하십시오. (用括号中给出的词语回答问题)

> 보기
> 가: 주말에 무엇을 하려고 합니까?
> 나: <u>산에 가거나 수영을 하려고 합니다</u>.

1. 가: 시험 후에 무엇을 하려고 합니까? (술, 영화)
   나: _____.

2. 가: 친구가 서울에 옵니다. 같이 무엇을 하시겠습니까? (구경, 쇼핑)
   나: _____.

3. 가: 돈이 많이 있습니다. 무엇을 하시겠습니까? (자동차, 여행)
   나: _____.

4. 가: 운동을 좋아하십니까? (테니스, 수영)
   나: 네, 주말마다 _____.

5. 가: 자기 전에 무엇을 하십니까? (일기, 텔레비전)
   나: _____.

6. 가: 배가 아픕니다. 어떻게 하시겠습니까? (약, 병원)
   나: _____.

② 그림을 보고 '좋아하다, 싫어하다'로 문장을 만드십시오.
(看图片，用"좋아하다, 싫어하다"造句)

1.

_____

2.

_____

3.

_____

4.

_____

③ ( ) 안에 '자주'나 '가끔'을 쓰십시오. (用"자주"和"가끔"填空)

1. 저는 한 달에 한 번 운동을 합니다. (　　　) 운동을 합니다.

2. 저는 1주일에 세 번쯤 편지를 씁니다. (　　　) 편지를 씁니다.

3. 제 친구는 하루에 두 번 전화를 합니다. (　　　) 전화를 합니다.

4. 어제 술을 마셨습니다. 내일도 마시겠습니다. (　　　) 술을 마십니다.

5. 지난달에 고기를 한 번 먹었습니다. 고기를 (　　　) 먹습니다.

6. 작년에 파마를 한 번 했습니다. 미용실에 (　　　) 갑니다.

복습 (제16과~제20과)

① 알맞은 부사를 골라 쓰십시오. (选择正确的副词填空)

> 자주, 가끔, 같이, 잘, 보통, 조금, 많이, 혼자, 요즘, 다시, 아주, 지금

1. 오늘은 일이 (   ) 있기 때문에 바쁩니다.
2. 어제 친구와 (   ) 시내를 구경했습니다.
3. 아침에는 보통 밥을 먹지만 (   ) 빵도 먹습니다.
4. 이 책이 (   ) 어렵지만 재미있습니다.
5. 아기가 (   ) 먹고, (   ) 잡니다.
6. 가족은 미국에 있습니다. 저는 서울에서 (   ) 삽니다.
7. 아침에는 (   ) 7시쯤 일어납니다.
8. 사장님이 안 계십니다. 내일 (   ) 전화하십시오.
9. 그 식당 음식이 (   ) 맛있기 때문에 자주 갑니다.
10. (   ) 건강이 나쁘기 때문에 술을 마시지 않습니다.

② 밑 줄 친 곳을 고치십시오. (修改下列句中的画线部分)

1. 사전이 가방 <u>안에서</u> 있습니다.
2. <u>먹은 전에</u> 손을 씻으십시오.
3. 시험을 <u>보기 후에</u> 한잔 합시다.
4. 저는 샌드위치를 자주 <u>만들습니다.</u>
5. 어제 남대문 시장에서 <u>모자과</u> 운동화를 샀습니다.
6. 수요일에는 <u>안 공부합니다.</u>
7. 어제 술을 많이 <u>마시기 때문에</u> 머리가 아픕니다.
8. 저는 <u>요리가</u> 좋아합니다.
9. 주말에는 집에서 <u>쉬나</u> 운동을 합니다.
10. 오늘 아침에는 밥을 <u>먹었지 않습니다.</u>

3 알맞은 의문사를 골라 쓰십시오. (选择正确的疑问词填空)

> 누구, 무엇, 어디, 언제, 어느, 몇, 왜, 누가

1. 가: 이번 주말에는 (　　　　)을/를 하려고 합니까?
   나: 친구를 만나거나 쉬려고 합니다.

2. 가: (　　　　) 고향에 가십니까?
   나: 할머니가 아프시기 때문에 갑니다.

3. 가: (　　　　)와/과 같이 여행을 하셨습니까?
   나: 혼자서 했습니다.

4. 가: (　　　　) 시장에 가셨습니까?
   나: 동대문 시장에 갔습니다.

5. 가: 한국 친구가 (　　　　) 명 있습니까?
   나: 5명쯤 있습니다.

6. 가: 지하철역이 (　　　　)에 있습니까?
   나: 저 호텔 앞에 있습니다.

4 대답하십시오. (回答下列问题)

1. 가: 운동을 좋아하십니까?
   나: 아니요, _____.

2. 가: 가족과 같이 사십니까?
   나: 아니요, _____.

3. 가: 그분을 잘 아십니까?
   나: 아니요, _____.

4. 가: 술을 자주 마십니까?
   나: 아니요, _____.

LESSON 21

- 고 있다

① **그림을 보고 대답을 쓰십시오.** (看图回答下列问题)

1. 아들은 무엇을 하고 있습니까?

2. 아버지는 무엇을 하고 계십니까?

3. 누가 강아지와 같이 놀고 있습니까?

4. 누가 자고 있습니까?

5. 어머니가 신문을 읽고 계십니까?

6. 고양이가 놀고 있습니까?

2 읽고 대답을 쓰십시오. (读短文回答下列问题)

> 저는 1년 전에 중국에서 왔습니다. 중국말을 가르치러 왔습니다. 요즘은 회사와 중학교에서 중국말을 가르칩니다. 회사는 강남에 있습니다. 우리 집은 북한산 근처에 있습니다. 회사가 집에서 좀 멀기 때문에 피곤합니다. 그리고 1주일에 두 번 한국말을 배우고 있습니다. 한국 생활이 좀 피곤하지만 재미있습니다.

1. 이 사람은 어디에서 가르치고 있습니까?

2. 이 사람은 어디에서 살고 있습니까?

3. 이 사람은 무엇을 배우고 있습니까?

> 여기는 옷 가게입니다. 점원 세 명이 옷을 팔고 있습니다. 주인은 전화를 하고 있습니다. 어머니와 여자 아이가 옷을 구경하고 있습니다. 남자가 여자 친구의 스웨터를 사고 있습니다. 아주머니가 옷을 입고 거울을 보고 있습니다.

4. 주인은 무엇을 하고 있습니까?

5. 남자는 무엇을 하고 있습니까?

6. 누가 거울을 보고 있습니까?

LESSON 22

- 에게서(한테서)
- 에게(한테)

① 그림을 보고 문장을 만드십시오. (看图造句)

보기

어제 남자 친구한테서 꽃을 받았습니다.

1.

_____
_____

2.

_____
_____

3.

_____
_____

4.

_____
_____

5.

_____
_____

② 한국 친구에게 이메일을 쓰십시오. (给你的一位韩国朋友发E-mail)

_____에게

③ 다음 명사와 동사로 문장을 만드십시오. (用下面的名词或动词造句)

<명사> 동생, 친구, 학생, 애인, 학교 선배, 부모님, 김 선생님

<동사> 전화가 오다, 이야기하다, 돈을 받다, 질문하다,
       영어를 가르치다, 한국말을 배우다, 메시지를 보내다

보기   동생한테 영어를 가르칩니다.

1. _____

2. _____

3. _____

4. _____

5. _____

6. _____

LESSON 23

(동사 · 형용사)-아/어/여요.
-(으)세요.
'ㄷ' 불규칙 동사

1 동사와 형용사를 쓰십시오. (写出下列动词和形容词的变位形式)

	~아/어/여요.	-(으)세요.
가다		
자다		주무세요.
보다		
외우다		
주다		주세요.
빌리다		
연습하다		
노래하다		
먹다		
찍다	찍어요.	
앉다		앉으세요.
찾다		
만들다		
알다	알아요.	
비싸다		♣
친절하다		
좋다		
멀다		♣

② ' ~아/어/여요 ' 로 바꾸십시오. (用 "~아/어/여요" 改写下列句子)

보기　　잠깐만 기다리십시오.　→　잠깐만　기다리세요.

1. 안녕하십니까?　▶

2. 안녕히 계십시오.　▶

3. 요즘 어떻게 지내십니까?　▶

4. 오늘 오후에 손님이 옵니다.　▶

5. 많이 드십시오.　▶

6. 가족과 같이 살지 않습니다.　▶

7. 다음 달에 미국 여행을 하려고 합니다.　▶

8. 여기, 커피 두 잔 주십시오.　▶

9. 아침마다 우유를 마십니다.　▶

10. 영어를 조금 압니다.　▶

11. 이번 주에는 약속이 없습니다.　▶

12. 서울 교통이 복잡합니다.　▶

13. 지금 눈이 오고 있습니다.　▶

14. 불고기가 맛있습니다.　▶

15. 한국 음식을 좋아합니다.　▶

③ ' ~아/어/여요 ' 로 대답하십시오. (用 "~아/어/여요" 回答下列问题)

1. 가: 지금 어디에서 사십니까?
   나: _____.

2. 가: 은행에서 일하십니까?
   나: 아니요, _____.

3. 가: 한국 생활이 어떻습니까?
   나: _____.

4. 가: 오늘 약속이 있습니까?
   나: 네, _____.

5. 가: 하숙집이 큽니까?
   나: 아니요, _____.

6. 가: 한국 음악을 자주 듣습니까?
   나: _____.

7. 가: 수업이 끝난 후에 무엇을 하려고 합니까?
   나: _____.

④ ' ㄷ ' 불규칙 동사를 쓰십시오. (写出下列不规则动词的变位形式)

	-(스)ㅂ니다.	-아/어/여요.	-았/었/였어요.
듣다	듣습니다.		
묻다		물어요.	
걷다			
*닫다		닫아요.	
*받다			받았어요.

LESSON 24

(명사) ~예요. /이에요.
~고
'으' 불규칙 동사 · 형용사

① '-아/어/여요'로 바꾸십시오. (用 "~아/어/여요" 改写下列句子)

1. 지금 몇 시입니까? ▶

2. 이름이 무엇입니까? ▶

3. 제 이름은 정혜영입니다. ▶

4. 저는 중국 사람이 아닙니다. ▶

5. 어제 친구를 만났습니다. ▶

6. 생일에 뭘 받으셨습니까? ▶

7. 오늘 저녁에는 김치찌개를 만들겠습니다. ▶

8. 아프지만 약을 먹지 않았습니다. ▶

9. 제 친구는 아주 바쁩니다. ▶

10. 제 한국 친구는 키가 큽니다. ▶

② '-아/어/여요'로 대답하십시오. (用 "~아/어/여요" 回答下列问题)

1. 가: 오늘이 무슨 요일입니까?
   나: _____.

2. 가: 약속 시간이 3시입니까?
   나: 아니요, _____.

3. 가: 어느 나라에서 오셨습니까?

   나: _____

4. 가: 어디가 아프십니까?

   나: _____

5. 가: 요즘 바쁩니까?

   나: 아니요, _____

6. 가: 내일 아침에 다시 전화하십시오.

   나: 네, _____

7. 가: 점심에 무엇을 잡수시겠습니까?

   나: _____

3 **대화를 완성하십시오.** (完成下列对话)

1. 가: 요즘 한국 요리를 배우고 있어요.

   나: 그렇습니까? _____기가 어떻습니까?

   가: 어렵지만 _____.

2. 가: 지난주부터 일본말을 가르치고 있어요.

   나: _____기가 어떻습니까?

   가: _____.

3. 가: 저는 영국 회사에서 일하고 있어요.

   나: _____기가 어떻습니까?

   가: _____.

4 그림을 보고 문장을 만드십시오. (看图造句)

보기

우리 언니 방이 크고 깨끗해요.

1.

어제는 _____
_____

2.

제 여자 친구가 _____
_____

3.

요즘 _____

4.

_____
_____

5.

제 오토바이가 _____
_____

5 대답하십시오. (回答下列问题)

1. 가: 그 식당이 좋아요?
   나: 네, 맛있고 _____.

2. 가: 이번 주에 바쁘세요?
   나: 네, 시험도 있고 _____.

3. 가: 서울이 어떻습니까?
   나: _____고 _____.

4. 가: 일요일에 무엇을 했습니까?
   나: _____.

5. 가: 제주도에서 무엇을 하셨습니까?
   나: _____.

6 '으' 불규칙 동사, 형용사를 쓰십시오.
(写出下列不规则动词或形容词的变位形式)

	-아/어/여요.	-아/어/여요.	-았/었/였어요.
쓰다			썼어요.
끄다	끕니다.		
크다			
바쁘다		바빠요.	
아프다			
나쁘다	나쁩니다.		
예쁘다			예뻤어요.

LESSON 25

-(으)ㄹ까요?
-(으)ㅂ시다. /-지 맙시다.
-(으)로

1 대화를 완성하십시오. (完成下列对话)

1. 가: 언제 출발할까요?
   나: _____.

2. 가: _____?
   나: 명동에서 만납시다.

3. 가: 여기에서 기다릴까요?
   나: _____.

4. 가: _____?
   나: 카레라이스를 만듭시다.

5. 가: _____?
   나: 네, 좋습니다. 쉽시다.
      아니요, _____.

6. 가: 비빔밥을 먹을까요?
   나: 네, _____.
      아니요, _____.

7. 가: 여기에서 사진을 찍을까요?
   나: 네, _____.
      아니요, _____.

2. 대화를 완성하십시오. (完成下列对话)

1. 가: 배가 고픕니다. 점심 먹으러 _____.

   나: _____?
       (어디)

   가: _____? _____?
       (한식집)   (중국집)

2. 가: 눈이 옵니다. 스키 타러 _____.

   나: _____?
       (어느 스키장)

   가: _____? _____?
       (그랜드 스키장)   (파크 스키장)

   나: _____ 갑시다.

3. 가: 다음 주에 휴가예요. 같이 여행 _____.

   나: 그래요. _____? _____?
              (산)   (바다)

   가: 바다에서 보트를 _____?

   나: 아니요, 보트는 _____.

4. (카페에 들어갑니다.)

   가: _____? _____?
       (2층)   (3층)

   나: 2층은 복잡합니다. _____.

   (카페에 들어왔습니다.)

   가: _____?
       (어느 쪽)

   나: _____.
       (창문 쪽)

복습 (제21과~제25과)

1 밑줄 친 곳을 고치십시오.(改正下列句子中的画线部分)

1. 어제 <u>회사에게</u> 전화를 했습니다.
2. <u>친구에서</u> 생일 선물을 받았어요.
3. 스미스 씨에게 편지를 <u>쓰었어요.</u>
4. 집에서 학교까지 <u>걸었습니다.</u>
5. 이번 주에는 <u>만나지 않 읍시다.</u>
6. <u>이쪽에</u> 오세요.
7. 가족들은 한국에서 살고 <u>없습니다.</u>
8. 지금 할아버지가 신문을 읽고 <u>있으십니다.</u>
9. 이 책은 <u>어렵으고</u> 재미없습니다.
10. 저녁에는 한국 음식을 <u>만들으십시오.</u>
11. <u>내일에</u> 다시 오세요.
12. 오늘은 시간이 <u>있지 않습니다.</u>
13. 저는 영어를 <u>알지 않습니다.</u>
14. 우리 하숙집이 <u>크지만</u> 좋습니다.

2 다음 연결어를 이용하여 한 문장으로 만드십시오.(用下列连接词造句)

~고, ~지만, ~거나, ~기 때문에, ~(으)러

1. 얼굴도 예쁩니다. 키도 큽니다.
▶

2. 요즘 날씨가 춥습니다. 운동을 하지 않습니다.
▶

3. 방학에는 여행을 합니다. (또는) 컴퓨터를 배우려고 합니다.
▶

4. 김치가 맵습니다. 맛있습니다.
   ▶

5. 편지를 부칩니다. 우체국에 갑니다.
   ▶

3 **알맞은 조사를 골라 쓰십시오.** (选择恰当的助词填空)

> ~이/가, ~을/를, ~은/는, ~마다, ~에, ~에서, ~(으)로, ~도,
> ~에게서(한테서), ~에게(한테), ~와/과, ~부터, ~까지, ~(이)나

1. 하숙집에서 살기(　　　) 어떻습니까?
2. 이번 주에는 날(　　　) 약속(　　　) 있습니다.
3. 이번 시험은 말하기(　　　) 듣기를 보겠습니다.
4. 오늘 오후(　　　) 내일 오전에 연락하십시오.
5. 조금 전에 회사(　　　) 전화가 왔습니다.
6. 302번 버스(　　　) 타십시오.
7. 제(　　　) 이정민입니다.
8. 어제 제 생일이었습니다. 친구(　　　) 꽃(　　　) 카드를 받았습니다.
9. 비(　　　) 오기 때문에 운동(　　　) 하지 않았어요.
10. 다음 주 화요일(　　　) 금요일(　　　) 미국으로 출장을 갑니다.
11. 저(　　　) 일본 사람입니다.
12. 친구 생일(　　　) 친구(　　　) 선물을 주려고 합니다.
13. 저쪽(　　　) 100미터쯤 가십시오.
14. 오늘은 휴일(　　　) 아닙니다.
15. 머리(　　　) 아프고 배(　　　) 아파요.

해답

한글 연습

1. ① 바지 ② 편지
2. ① 생선 ② 선풍기
3. ① 휴대폰 ② 휴지
4. ① 숟가락 ② 가방
5. ① 치약 ② 치마
6. ① 자동차 ② 자전거

제1과

1

	-십니까?	-ㅂ니다.	-십시오.
가다	가십니까?	갑니다.	가십시오.
오다	오십니까?	옵니다.	오십시오.
사다	사십니까?	삽니다.	사십시오.
하다	하십니까?	합니다.	하십시오.
만나다	만나십니까?	만납니다.	만나십시오.
기다리다	기다리십니까?	기다립니다.	기다리십시오.

	-으십니까?	-습니다.	-으십시오.
읽다	읽으십니까?	읽습니다.	읽으십시오.
앉다	앉으십니까?	앉습니다.	앉으십시오.
받다	받으십니까?	받습니다.	받으십시오.

	-(으)십니까?	-(스)ㅂ니다.	-(으)십시오.
자다	주무십니까?	잡니다.	주무십시오.
먹다	잡수십니까?	먹습니다.	잡수십시오.
있다	계십니까?	있습니다.	계십시오.

② 1. 탑니다. 2. 마십니다. 3. 잡니다. 4. 전화합니다. 5. 읽습니다.

③ 1. 쉽니다. 2. 입습니다. 3. 일합니다.

제 2 과

① 1. 아이 2. 할아버지 3. 할머니 4. 아버지 5. 부모님

② 1. 어떻게, 잘 2. 안녕하십니까? 3. 잘 있습니다.

제 3 과

① 1. 일본 사람입니다. 2. 프랑스 사람입니다. 3. 학생입니다.
  4. 의사입니다. 5. 주부입니다. 6. 선생님입니다.

② 1. 제 이름은 마라도나입니다. 저는 아르헨티나 사람입니다.
    축구 선수입니다.
  2. 제 이름은 마이클 잭슨입니다. 저는 미국 사람입니다. 가수입니다.

제 4 과

① 1. 가방입니다. 2. 구두입니다. 3. 의자입니다.
  4. 자동차입니다. 5. 모자입니다. 6. 꽃입니다.
  7. 책입니다. 8. 신문입니다.

해답 ▶

② 1. 우리 언니입니다. 2. 우리 아버지입니다. 3. 우리 할머니입니다.
4. 제 동생입니다. 5. 우리 강아지입니다. 6. 우리 어머니입니다.
7. 우리 고양이입니다.

③ 1. 제 시계입니다. 2. 제 책입니다. 3. 제 의자입니다.
4. 제 침대입니다. 5. 제 컴퓨터입니다. 6. 제 가방입니다.
7. 제 옷입니다. 8. 제 우산입니다.

제 5 과

① 1. 다 2. 가 3. 마 4. 나 5. 라

② 1. 을 2. 를 3. 를 4. 을 5. 을

③ 1. 을 2. 를 3. 를 4. 을 5. 를

④ 1. 자전거를 탑니다. 2. 신문을 읽습니다. 3. 전화를 합니다.
4. 옷을 입습니다. 5. 텔레비전을 봅니다. 6. 약을 먹습니다.
7. 편지를 씁니다. 8. 커피를(차를) 마십니다.

⑤ 1. 저것은 나무입니다. 2. 그것이 무엇입니까? 3. 그것은 시계입니다.
4. 저것이 무엇입니까? 5. 이것은 가방입니다.

복습 (제 1 과 ~ 제 5 과)

① 1. ① 안녕하십니까? ② 어떻게 지내십니까?
③ 안녕하십니다. ④ 잘 있습니까?
2. ① 반갑습니다. 저는 --- 입니다.
② 영국(캐나다, 독일, 호주 …) 사람입니다. ③ 누구입니까?

② 1. 이   2. 은   3. 은   4. 이, 을   5. 는, 를   6. 는, 은

③ 1. 무엇입니까?   2. 누구를   3. 무엇을   4. 누구입니까?

④ 1. 김명철입니다.   2. 회사원입니다.   3. 코리아 전자 주식회사입니다.
   4. 아니요, 과장님입니다.

제 6 과

① 1. 네, 우산이 있습니다.   2. 네, 가방도 있습니다.
   3. 네, 회의가 있습니다.   4. 아니요, 시험은 없습니다.
   5. 네, 계란이 있습니다.   6. 아니요, 수박은 없습니다.

제 7 과

① 1. 식당   2. 약국   3. 화장실   4. 병원
   5. 산   6. 은행   7. 수영장   8. 학교

② 1. ㉰   2. ㉮   3. ㉯   4. ㉭   5. ㉱

③ 1. 도서관에 갑니다. 도서관에서 책을 읽습니다.
   2. 편의점에 갑니다. 편의점에서 맥주를 삽니다.
   3. 술집에 갑니다. 술집에서 술을 마십니다.
   4. 공원에 갑니다. 공원에서 자전거를 탑니다.
   5. 학교에 갑니다. 학교에서 공부를 합니다.
   6. 다방에 갑니다. 다방에서 커피를 마십니다.
   7. 우체국에 갑니다. 우체국에서 우표를 삽니다.

해답

④
1. 식당에 갑니다. 식당에서 식사를 합니다. 술도 마십니다. 이야기도 합니다.
2. 바다에 갑니다. 수영을 합니다. 배도 탑니다. 사진도 찍습니다.

제 8 과

②
1. 육십팔
2. 이천사백오
3. 삼만칠천구백오
4. 칠천팔백
5. 오백십육
6. 십 사만육천칠백

③
1. 유월 십일일
2. 시월 십일
3. 십일월 이십팔일

④
1. 오백 원입니다.
2. 사백구 호입니다.
3. 백삼십오 번 버스를 탑니다.
4. 사 층입니다.

⑤
1. 시월 이십사일
2. 이천사년 유월 십오일
3. 육천 원
4. 이십 삼만칠천 원
5. 삼삼이의 육공공삼 번
6. 공일공의 칠팔이일의 사오구삼
7. 이백십삼 쪽
8. 이호 선, 삼가 역
9. 백칠십팔 센티미터, 육십구 킬로그램
10. 백칠 동 이천백사 호

⑥

	-(으)셨습니까?	-았/었/였습니다.
가다	가셨습니까?	갔습니다.
오다	오셨습니까?	왔습니다.
타다	타셨습니까?	탔습니다.
만나다	만나셨습니까?	만났습니다.

배우다	배우셨습니까?	배웠습니다.
가르치다	가르치셨습니까?	가르쳤습니다.
일하다	일하셨습니까?	일했습니다.
이야기하다	이야기하셨습니까?	이야기했습니다.
읽다	읽으셨습니까?	읽었습니다.
입다	입으셨습니까?	입었습니다.
받다	받으셨습니까?	받았습니다.
(사진을) 찍다	찍으셨습니까?	찍었습니다.
먹다 (잡수시다)	잡수셨습니까?	먹었습니다.
마시다 (드시다)	드셨습니까?	마셨습니다.
자다 (주무시다)	주무셨습니까?	잤습니다.
있다 (계시다)	계셨습니까?	있었습니다.

⑦
1. 지난주에 중국에(중국 출장을) 갔습니다.
2. 5월 2일에 병원에 갔습니다.
3. 지난 주말에 대학교 선배를 만났습니다.
4. 어제 홈쇼핑에서 화장품을 샀습니다.
5. 5월 13일에 극장에 갔습니다.

⑧
1. 구경을 했습니다. 사진도 찍었습니다.
2. 10월 5일에 갔습니다.
3. 부산에서 배를 탔습니다.

해답 ▶

제 9 과

1
1. 미국에서 왔습니다.
2. 어느 공원에 가셨습니까?
3. 502호에서 공부합니다.
4. 어느 시장에서 사셨습니까?
5. 시카고에 갑니다.
6. 어느 은행에서 일하십니까?
7. 삼성 컴퓨터를 샀습니다.

2
1. 영국 사람이 아닙니다.
2. 수요일이 아닙니다.
3. 회사원이 아닙니다.
4. 2층이 아닙니다.
5. 영어 교과서가 아닙니다.
6. 제 휴대폰이 아닙니다.
7. 제 동생이 아닙니다.
8. (제 고향은) 부산이 아닙니다.

제 10 과

1
1. 큽니다. (넓습니다.) 2. 작습니다. 3. 비쌉니다. 4. 높습니다.
5. 피곤합니다. 6. 예쁩니다. 7. 시끄럽습니다. 8. 재미없습니다.

2
1. ⓓ 2. ⓜ 3. ⓩ 4. ⓐ 5. ⓖ
6. ⓝ 7. ⓒ 8. ⓛ 9. ⓑ 10. ⓢ

3
1. 바쁩니다. 2. 깨끗합니다. 3. 좋습니다.
4. 쌉니다. 5. 아픕니다.

4
1. 좋습니다. 2. 춥습니다. 3. 더럽습니다.
4. 바쁩니다. 5. 맛있지만 6. 맵지만 맛있습니다.
7. 바쁘지만(어렵지만) 재미있습니다.

5
1. 좋습니다. (괜찮습니다.)
2. 피곤하지만(어렵지만, 바쁘지만) 재미있습니다.
3. 복잡하지만 재미있습니다.
4. 어렵지만 재미있습니다.

ANSWER

복습 (제6과 ~ 제10과)

①
1. 는, 이, 에서
2. 에, 이
3. 에서, 을
4. 는, 가, 도
5. 에, 에
6. 이, 은, 이

②
1. 옷입니다.
2. 노래가
3. 다방에서
4. 좋지만
5. 제가
6. 오후에
7. 한국 요리도
8. 부모님께서도
9. 제 이름은
10. 만났습니다.
11. 했습니다.
12. 어느

③
1. 어느
2. 몇 월 며칠
3. 어디에
4. 언제
5. 얼마입니까?
6. 몇 번입니까?
7. 어떻습니까?
8. 몇 호선

④
1. 제 시계입니다. 우리 어머니가 생일에 주셨습니다. 작지만 예쁩니다.
2. 제 휴대폰입니다. 신촌역 근처에서 샀습니다. 제 휴대폰 번호는 010-387-5691 입니다. 자주 사용합니다.
3. 제 책입니다. 영어책입니다. 어렵지만 재미있습니다. 테이프도 있습니다. 자주 봅니다.

제11과

②
1. 라
2. 사
3. 마
4. 자
5. 차
6. 다
7. 가
8. 바
9. 나
10. 아

③
1. 두 대
2. 일곱 송이
3. 다섯 명
4. 한 잔
5. 여덟 개
6. 여섯 마리
7. 열 권
8. 네 장

해답

④
1. 한국 친구가 열 명 있습니다.
2. 커피를 두 잔 마셨습니다.
3. 학생이 여덟 명 있습니다.
4. 약속이 네 번 있었습니다.
5. 책을 열다섯 권 읽었습니다.
6. 컴퓨터가 여섯 대 있습니다.
7. 담배를 한 갑 피웁니다.
8. 강아지가 두 마리 있습니다.

제 12 과

①
1. 두 시 이십 분
2. 세 시 삼십 분
3. 다섯 시 사십오 분
4. 열 시 오십 분
5. 일곱 시 오십오 분
6. 여덟 시 삼십 분
7. 아홉 시 사십 분
8. 열한 시 십오 분

②
1. 아홉 시 십오 분에 출근합니다.
2. 세 시 삼십 분에 회의가 끝납니다.
3. 네 시 사십오 분에 보고서를 씁니다.
4. 일곱 시에 운동을 시작합니다.
5. 열 시 오십 분에 이메일을 보냅니다.

제 13 과

①
1. 10월 4일 4시 20분(다음 주)에 한국에 도착하겠습니다.
2. 10월 5일에 서울 시내를 구경하겠습니다.
3. 한식집 '고향'에서 저녁을 먹겠습니다.
4. 선물을 사기 전에 박물관에 가겠습니다. (박물관을 구경하겠습니다.)
5. 남대문 시장에서 선물을 사겠습니다.
6. 설악산에서 2일 여행하겠습니다.
7. 10시 40분에 출발하겠습니다.

② 1. 디지털 카메라(겨울 코트, 구두, 휴대폰 …)를 사겠습니다.
　　여행을 하겠습니다.
2. 인사동(박물관, 설악산, 경주 …)에 가겠습니다.
3. 한국 역사(경제학, 디자인, 컴퓨터 …)를 공부하겠습니다.
4. 프랑스(이태리, 영국, 스위스 …)를 여행하겠습니다.
5. 영화를 보겠습니다. 드라이브를 하겠습니다. 술을 마시겠습니다.
6. 구두(옷, 김, 선글라스 …)를 사겠습니다.
7. 내일 다시 전화하겠습니다.
8. 이 단어를 외우겠습니다.

③ 1. 1주일 전에 한국 친구를 만났습니다.
2. 두 달 전에 가방을 샀습니다.
3. 5년 전에는 미국에 있었습니다.
4. 여기에 오　　5. 사장님을 만나
6. 밤에 자기 전에 이 약을 먹습니다.
7. 생일파티에 가기 전에 선물을 사겠습니다.
8. 결혼하기 전에 회사 생활을 했습니다.

제 14 과

①

	~ㅂ시다.		~읍시다.
가다	갑시다.	앉다	앉읍시다.
타다	탑시다.	먹다	먹읍시다.
쉬다	쉽시다.	읽다	읽읍시다.
만나다	만납시다.	닫다	닫읍시다.
마시다	마십시다.	받다	받읍시다.
구경하다	구경합시다.	씻다	씻읍시다.
이야기하다	이야기합시다.	(사진을) 찍다	찍읍시다.

해답 ▶

② 1. 저기(벤치)에 앉읍시다. 쉽시다. 2. 물(음료수)을 마십시다.
   3. 같이 공부합시다. 같이 도서관에 갑시다. 4. 같이 갑시다.
   5. 같이 봅시다.   6. 같이 사진을 찍읍시다.
   7. 청소합시다.   8. 다음 주에 만납시다.
   9. 버스를 탑시다. 10. 저 가게를 구경합시다. 저 가게에서 삽시다.

③ 1. 서점   2. 회사   3. 은행   4. 극장
   5. 대사관 6. 우체국 7. 여행사 8. 문방구

④ 1. 빵(과자, 우유, 휴지 …)을 사러   2. 술을 마시러
   3. 구경하러   4. 선물(옷, 넥타이, 화장품 …)을 사러, 쇼핑하러
   5. 비행기를 타러, 친구를 만나러
   6. 한국말(영어, 컴퓨터, 중국어 …)을 배우러
   7. 커피를 마시러, 친구를 만나러

⑤ 1. 약국에 갑니다, 약국, 약을 사러 갑니다.
   2. 공원에 갑니다, 공원, 사진을 찍으러 갑니다.
   3. 도서관에 갑니다, 도서관, 책을 빌리러 갑니다.

제 15 과

① 1. 10시부터 12시까지 컴퓨터를 배웁니다.
   2. 컴퓨터를 배운 후에 점심을 먹습니다. (점심 식사를 합니다.)
   3. 2시부터 5시까지 아르바이트를 합니다.
   4. 운동을 하기 전에 저녁을 먹습니다. (저녁 식사를 합니다.)
   5. 날마다 한 시간 운동을 합니다.
   6. 11시부터 잡니다.

② 1. 옷을 입은 후에 아침을 먹습니다. 2. 빵을 먹기 전에 손을 씻겠습니다.
   3. 숙제를 한 후에 나갑시다.   4. 자기 전에 일기를 씁니다.

5. 영화표를 산 후에 식사했습니다.   6. 출발하기 전에 준비합니다.
7. 선물을 산 후에 친구 집에 갔습니다.

복습 (제11과~제15과)

① 1. 에   2. 에   3. 마다   4. 에, 에
   5. 을, 에   6. 부터, 까지   7. 부터, 까지   8. 에서

② 1. 잘   2. 요즘   3. 지금   4. 그럼
   5. 다시   6. 처음   7. 같이

③ 1. 두 병(잔), 네 병(잔)   2. 서른네 살, 스물아홉 살
   3. 한 갑   4. 스무 분(명), 일곱 분(명)
   5. 두 대, 한 대   6. 여덟 개, 네 개, 열세 개
   7. 열 송이, 아홉 송이   8. 세 벌, 다섯 켤레
   9. 두 번   10. 세 그릇, 한 그릇

제16과

① 1. 옆   2. 위   3. 밖   4. 안   5. 아래

② 1. 병원이 옷가게 옆에 있습니다. 경찰서 앞에 있습니다.
   2. 식당 위에 미용실이 있습니다.
   3. 경찰서 뒤에 공원이 있습니다.
   4. 버스 정류장이 병원 앞에 있습니다.

해답 ▶

③

	-ㅂ니다.	-았/었/였습니다.	-십시오.
만들다	만듭니다.	만들었습니다.	만드십시오.
살다	삽니다.	살았습니다.	사십시오.
알다	압니다.	알았습니다.	♣
팔다	팝니다.	팔았습니다.	파십시오.
(전화를) 걸다	겁니다.	걸었습니다.	걸으십시오.
멀다	멉니다.	멀었습니다.	♣
길다	깁니다.	길었습니다.	♣

④
1. 신촌(학원 근처, 인천, 하숙집 …)에서 삽니다.
2. 스파게티(카레라이스, 샐러드, 불고기 …)를 잘 만드십니다.
3. 한국 노래를 압니다.
4. 집이 멉니다.
5. 9시 30분(반)에 엽니다.

제17과

①
1. 우유와 빵을 먹습니다.
2. 11일과 13일에 회의가 있습니다. (회의를 합니다.)
3. 야채(채소)와 생선을 샀습니다.
4. 테이블 위에 신문과 잡지가 있습니다.
5. 꽃과 나무가 있습니다.

③
1. 한국 신문을 읽지 않습니다.   2. 집에서 음식을 만들지 않습니다.
3. 저 가게에서 옷을 팔지 않습니다. 4. 지금 편지를 쓰지 않습니다.
5. 어제 청소를 하지 않았습니다.   6. 지난주에 시험을 보지 않았습니다.
7. 도서관에 공부하러 가지 않았습니다.
8. 내일 이메일을 보내지 않겠습니다.
9. 이번 주에 약속이 많지 않습니다. 10. 우리 집이 크지 않습니다.

11. 오늘 교통이 복잡하지 않습니다.
12. 어제 날씨가 좋지 않았습니다.
13. 어제 피곤하지 않았습니다.
14. 오늘은 휴일이 아닙니다.
15. 한국 친구가 없습니다.

제 18 과

①
1. 점심을 먹지 않았습니다. 배가 아프기 때문에 먹지 않았습니다.
2. 옷을 사지 않겠습니다. 비싸기 때문에 사지 않겠습니다.
3. 버스를 타지 않습니다. 가깝기 때문에 타지 않습니다.
4. 마포 시장에서 물건을 삽니다. 싸기 때문에 마포 시장에서 삽니다.
5. 택시를 탑니다. 피곤하기 때문에(시간이 없기 때문에) 택시를 탑니다.
6. 드라마를 봅니다. 재미있기 때문에 드라마를 봅니다.
7. 약을 먹습니다. 이가 아프기 때문에 약을 먹습니다.

②

	안 -(스)ㅂ니다.	-지 않습니다.
가다	안 갑니다.	가지 않습니다.
주다	안 줍니다.	주지 않습니다.
먹다	안 먹습니다.	먹지 않습니다.
만들다	안 만듭니다.	만들지 않습니다.
(담배를) 피우다	안 피웁니다.	피우지 않습니다.
운전하다	운전 안 합니다.	운전하지 않습니다.
크다	안 큽니다.	크지 않습니다.
바쁘다	안 바쁩니다.	바쁘지 않습니다.
왔다	안 왔습니다.	오지 않았습니다.
대답했다	대답 안 했습니다.	대답하지 않았습니다.
열었다	안 열었습니다.	열지 않았습니다.

해답

좋았다	안 좋았습니다.	좋지 않았습니다.
쓰겠다	안 쓰겠습니다.	쓰지 않겠습니다.
보겠다	안 보겠습니다.	보지 않겠습니다.
찍겠다	안 찍겠습니다.	찍지 않겠습니다.
여행하겠다	여행 안 하겠습니다.	여행하지 않겠습니다.

③
1. 이 근처에서 안 삽니다.
2. 요즘 운동을 안 합니다.
3. 뉴스를 안 봤습니다.
4. 어제 회의를 안 했습니다.
5. 이번 휴가에 여행을 안 가겠습니다.
6. 머리가 안 아픕니다.
7. 집이 여기에서 안 멉니다.
8. 이 문법이 안 중요합니다.

제 19 과

①
1. 책이나 넥타이를 주려고 합니다.
2. 김밥이나 햄버거를 먹으려고 합니다.
3. 여행이나 아르바이트를 하려고 합니다.
4. 수요일이나 일요일에 만납시다.
5. 이메일이나 카드를 보내려고 합니다.

③
1. 가족과 같이 한국에 왔습니다.
2. 후배와 같이 영화를 봤습니다.
3. 동생과 같이 테니스를 쳤습니다.
4. 하숙집 친구들과 같이 술을 마셨습니다.
5. 미국 친구와 같이 한국말을 배웁니다.
6. 다나카 씨와 같이 이 일을 했습니다.
7. 혼자서 삽니다.
8. 혼자서 여행을 하겠습니다.

제 20 과

①
1. 술을 마시거나 영화를 보려고 합니다.
2. 구경을 하거나 쇼핑을 하겠습니다.
3. 자동차를 사거나 여행을 하겠습니다.
4. 테니스를 치거나 수영을 합니다.
5. 일기를 쓰거나 텔레비전을 봅니다.
6. 약을 먹거나 병원에 가겠습니다.

②
1. 닭고기를 싫어합니다.   2. 음악을 좋아합니다.
3. 게임을 좋아합니다.   4. 고양이를 싫어합니다.

③
1. 가끔   2. 자주   3. 자주
4. 자주   5. 가끔   6. 가끔

복습 (제 16 과 ~ 제 20 과)

①
1. 많이   2. 같이   3. 가끔   4. 조금   5. 잘, 잘
6. 혼자   7. 보통   8. 다시   9. 아주   10. 요즘

②
1. 안에   2. 먹기 전에   3. 본 후에   4. 만듭니다.
5. 모자와   6. 공부 안 합니다.   7. 마셨기 때문에   8. 요리를
9. 쉬거나   10. 먹지 않았습니다.

③
1. 무엇   2. 왜   3. 누구   4. 어느   5. 몇   6. 어디

④
1. 운동을 싫어합니다. (좋아하지 않습니다.)
2. 혼자 삽니다. (가족과 같이 살지 않습니다.)
3. 그분을 잘 모릅니다.
4. 가끔 마십니다. (자주 마시지 않습니다.)

제 21 과

①
1. 아들은 게임을 하고 있습니다.
2. 신문을 읽고 계십니다.
3. 딸(여자 아이)이 강아지와 같이 놀고 있습니다.
4. 고양이가 자고 있습니다.
5. 아니요, 신문을 읽고 계시지 않습니다. 전화를 하고 계십니다.
6. 아니요, 놀고 있지 않습니다. 자고 있습니다.

②
1. 회사와 중학교에서 가르치고 있습니다.
2. 북한산 근처에서 살고 있습니다.
3. 한국말을 배우고 있습니다.
4. 주인은 전화를 하고 있습니다.
5. 남자는 여자 친구의 스웨터를 사고 있습니다.
6. 아주머니가 거울을 보고 있습니다.

제 22 과

①
1. 가족에게(한테) 편지를 쓰고 있습니다.
2. 선생님이 학생에게(한테) 상장을 줍니다.
3. 여자 아이가 꽃에 물을 줍니다.
4. 어머니가 아이에게(한테) 인형을 줍니다.
5. 여학생이 친구에게(한테) 전화를 합니다.

③
1. 친구한테서 전화가 왔습니다.
2. 학생한테 영어를 가르칩니다.
3. 애인한테 메시지를 보냈습니다.
4. 학교 선배한테 질문했습니다.
5. 부모님한테서 돈을 받았습니다.
6. 김선생님한테서 한국말을 배웁니다.

제 23 과

①

	-아/어/여요.	-(으)세요.
가다	가요.	가세요.
자다	자요.	주무세요.
보다	봐요.	보세요.
외우다	외워요.	외우세요.
주다	줘요.	주세요.
빌리다	빌려요.	빌리세요.
연습하다	연습해요.	연습하세요.
노래하다	노래해요.	노래하세요.
먹다	먹어요.	잡수세요. (드세요.)
찍다	찍어요.	찍으세요.
앉다	앉아요.	앉으세요.
찾다	찾아요.	찾으세요.
만들다	만들어요.	만드세요.
알다	알아요.	아세요.
비싸다	비싸요.	♣
친절하다	친절해요.	친절하세요.
좋다	좋아요.	좋으세요.
멀다	멀어요.	♣

해답

②
1. 안녕하세요?
2. 안녕히 계세요.
3. 요즘 어떻게 지내세요?
4. 오늘 오후에 손님이 와요.
5. 많이 드세요.
6. 가족과 같이 살지 않아요.
7. 다음 달에 미국 여행을 하려고 해요.
8. 여기, 커피 두 잔 주세요.
9. 아침마다 우유를 마셔요.
10. 영어를 조금 알아요.
11. 이번 주에는 약속이 없어요.
12. 서울 교통이 복잡해요.
13. 지금 눈이 오고 있어요.
14. 불고기가 맛있어요.
15. 한국 음식을 좋아해요.

③
1. 신촌(이 근처, 수원, 하숙집…)에서 살아요.
2. 은행에서 일하지 않아요.
3. 어렵지만 재미있어요.
4. 오늘 약속이 있어요.
5. 하숙집이 크지 않아요. (작아요.)
6. 네, 한국 음악을 자주 들어요. 아니요, 가끔 들어요.
7. 수업이 끝난 후에 친구를 만나려고 해요.

④

	-(스)ㅂ니다.	-아/어/여요.	-았/었/였어요.
듣다	듣습니다.	들어요.	들었어요.
묻다	묻습니다.	물어요.	물었어요.
걷다	걷습니다.	걸어요.	걸었어요.
*닫다	닫습니다.	닫아요.	닫았어요.
*받다	받습니다.	받아요.	받았어요.

제 24 과

①
1. 지금 몇 시예요?
2. 이름이 뭐예요?(무엇이에요?)
3. 제 이름은 정혜영이에요.
4. 저는 중국 사람이 아니에요.
5. 어제 친구를 만났어요.
6. 생일에 뭘 받으셨어요?
7. 오늘 저녁에는 김치찌개를 만들겠어요.
8. 아프지만 약을 먹지 않았어요.
9. 제 친구는 아주 바빠요.
10. 제 한국 친구는 키가 커요.

**② **
1. 오늘은 수요일이에요.
2. 3시가 아니에요.
3. 일본(미국, 중국, 대만…)에서 왔어요.
4. 다리(머리, 배, 눈…)가 아파요.
5. 요즘 바쁘지 않아요. 안 바빠요. 한가해요.
6. 내일 아침에 다시 전화하겠어요.
7. 점심에 냉면(김밥, 비빔밥, 순두부…)을 먹겠어요.

**③ **
1. 한국 요리를 배우, 재미있어요.
2. 일본말을 가르치, 힘들지만 재미있어요.
3. 영국 회사에서 일하, 일이 많지만 좋아요.

**④ **
1. 어제는 머리도 아프고 배도 아팠어요.
2. 제 여자 친구가 예쁘고 키도 커요.
3. 요즘 공부도 하고 아르바이트도 하고 있어요.
4. 비도 오고 바람도 불어요.
5. 제 오토바이가 빠르고 멋있어요.

**⑤ **
1. 친절해요.
2. 약속도 많이 있어요.
3. 자동차도 많고 사람도 많아요.
4. 친구도 만나고 쇼핑도 했어요. 청소도 하고 세탁도 했어요.
5. 수영도 하고 배도 탔어요. 사진도 찍고 구경도 많이 했어요.

**⑥ **

	-(스)ㅂ니다.	-아/어/여요.	-았/었/였어요.
쓰다	씁니다.	써요.	썼어요.
끄다	끕니다.	꺼요.	껐어요.
크다	큽니다.	커요.	컸어요.
바쁘다	바쁩니다.	바빠요.	바빴어요.
아프다	아픕니다.	아파요.	아팠어요.
나쁘다	나쁩니다.	나빠요.	나빴어요.
예쁘다	예쁩니다.	예뻐요.	예뻤어요.

제 25 과

① 1. 한 시간 후에 출발합시다.
   2. 명동에서 만날까요?
   3. 네, 여기에서 기다립시다. 아니요, 저기에서 기다립시다.
      아니요, 여기에서 기다리지 맙시다.
   4. 무엇을 만들까요?
   5. 쉴까요? 쉬지 맙시다.
   6. 네, 비빔밥을 먹읍시다. 아니요, 비빔밥을 먹지 맙시다.
   7. 네, 여기에서 사진을 찍읍시다. 아니요, 여기에서 사진을 찍지 맙시다.

② 1. 갑시다. 어디로 갈까요? 한식집으로 갈까요? 중국집으로 갈까요?
      한식집으로 갑시다.
   2. 갑시다. 어느 스키장으로 갈까요? 그랜드스키장으로 갈까요?
      파크스키장으로 갈까요? 그랜드스키장으로 갑시다.
   3. 갑시다. 산으로 갈까요? 바다로 갈까요? 탈까요? 타지 맙시다.
   4. 2층으로 갈까요? 3층으로 갈까요? 3층으로 갑시다. 저쪽으로 갈까요?
      창문 쪽으로 갑시다.

복습 (제 21 과 ~ 제 25 과)

① 1. 회사에   2. 친구에게서(한테서)   3. 썼어요.
   4. 걸었습니다.   5. 만나지 맙시다.   6. 이쪽으로
   7. 있지 않습니다.   8. 계십니다.   9. 어렵고
   10. 만드십시오.   11. 내일   12. 없습니다.
   13. 모릅니다.   14. 크고

② 1. 얼굴도 예쁘고 키도 큽니다.

2. 요즘 날씨가 춥기 때문에 운동을 하지 않습니다.
3. 방학에는 여행을 하거나 컴퓨터를 배우려고 합니다.
4. 김치가 맵지만 맛있습니다.
5. 편지를 부치러 우체국에 갑니다.

③ 1. 가   2. 마다, 이   3. 와   4. 나   5. 에서
6. 를   7. 가   8. 한테서, 과   9. 가, 을   10. 부터, 까지
11. 는   12. 에, 에게(한테)   13. 으로   14. 이   15. 도, 도